# À toi ! 4

## Carnet d'activités   *Lehrerfassung*

**Mit Kompetenztrainer für die DELF-Prüfung B1**

Lieber Schüler, liebe Schülerin!

Falls du das eingelegte Heft mit den Lösungen verloren hast, kannst du es dir downloaden. Gehe auf **www.cornelsen.de/webcodes** und gib folgenden Webcode ein: **ATOI-4-CARNET-EXTRAHEFT**.

Wenn du die die Hörtexte, die sich auf der CD befinden, downloaden möchtest, gehe auf **www.cornelsen.de/webcodes** und gib folgenden Webcode ein: **ATOI-4-CARNET-AUDIO**.

**Vokabeltrainer-App**
*Verfügbar für: iOS, Android und Windows Phone*

**Cornelsen**

# À toi! 4

Carnet d'activités

Im Auftrag des Verlages erarbeitet von:
Catherine Mann-Grabowski, Walpurga Herzog

und der Redaktion Französisch
Sophie Ortiz-Vobis, Nicole Abt (Bildassistenz)

Umschlaggestaltung und Layoutkonzept: werkstatt für gebrauchsgrafik, Berlin
Layout und technische Umsetzung: Rotraud Biem, Berlin
Illustrationen: Laurent Lalo
Umschlagfoto: Hintergrund © Corbis GmbH / Eurasia Press / Steven Vidler; vorne rechts © iStockphoto / apomares

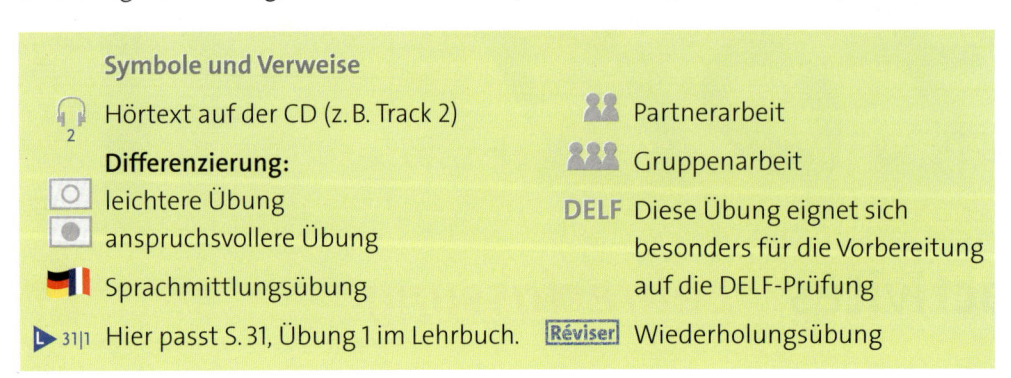

## Symbole und Verweise

- 🎧 Hörtext auf der CD (z. B. Track 2)
- **Differenzierung:**
  - ○ leichtere Übung
  - ● anspruchsvollere Übung
  - 🇩🇪 Sprachmittlungsübung
- ▶ 31|1 Hier passt S. 31, Übung 1 im Lehrbuch.
- 👥 Partnerarbeit
- 👥👥 Gruppenarbeit
- **DELF** Diese Übung eignet sich besonders für die Vorbereitung auf die DELF-Prüfung
- **Réviser** Wiederholungsübung

**Copyright:**
**Track 10:** M'en voulez-vous, Interpret: Pauline Emannuelle Croze, Text: Laurent Damien Lescarret, Universal Publishing Production Music GmbH
Webcode ATOI-4-CARNET-AUDIO: **Track 58, Track 59, Track 60:** Éditions Didier

www.cornelsen.de

Die zum Lernmittel gehörige CD enthält ausschließlich optionale Unterrichtsmaterialien; sie unterliegt nicht dem staatlichen Zulassungsverfahren.
Die Mediencodes enthalten ausschließlich optionale Unterrichtsmaterialien; sie unterliegen nicht dem staatlichen Zulassungsverfahren.

Soweit in diesem Lehrwerk Personen fotografisch abgebildet sind und ihnen von der Redaktion fiktive Namen, Berufe, Dialoge und Ähnliches zugeordnet oder diese Personen in bestimmte Kontexte gesetzt werden, dienen diese Zuordnungen und Darstellungen ausschließlich der Veranschaulichung und dem besseren Verständnis des Inhalts.

Alle Drucke dieser Auflage sind inhaltlich unverändert
und können im Unterricht nebeneinander verwendet werden.

© 2015 Cornelsen Schulverlag GmbH, Berlin

Das Werk und seine Teile sind urheberrechtlich geschützt.
Jede Nutzung in anderen als den gesetzlich zugelassenen Fällen bedarf
der vorherigen schriftlichen Einwilligung des Verlages.
Hinweis zu den §§ 46, 52a UrhG: Weder das Werk noch seine Teile dürfen ohne eine
solche Einwilligung eingescannt und in ein Netzwerk eingestellt oder sonst öffentlich
zugänglich gemacht werden.
Dies gilt auch für Intranets von Schulen und sonstigen Bildungseinrichtungen.

Druck: Parzeller print & media GmbH & Co. KG, Fulda

CD-Produktion: optimal media GmbH

Schülerheft: ISBN 978-3-06-020308-6    1. Auflage, 1. Druck 2015
Lehrerfassung: ISBN 978-3-06-520447-7    1. Auflage, 1. Druck 2015

**PEFC zertifiziert**
Dieses Produkt stammt aus nachhaltig bewirtschafteten Wäldern und kontrollierten Quellen.
www.pefc.de

## I: Entraînement aux Dossiers 1–5

| | |
|---|---|
| **Dossier 1   Réussir sa vie, ça veut dire quoi?** | 4–11 |
| Fais le point! | 12–13 |
| **Dossier 2   Sauver la planète** | 14–21 |
| Fais le point! | 22–23 |
| **Dossier 3   Trouver sa place dans l'avenir** | 24–31 |
| Fais le point! | 32–33 |
| **Dossier 4   Ensemble, c'est tout** | 34–41 |
| Fais le point! | 42–43 |
| **Dossier 5   La France, l'Allemagne et l'Europe** | 44–47 |
| Fais le point! | 48 |

## II: Entraînement au DELF-B1

| | |
|---|---|
| Introduction | 49 |
| **Compréhension orale** | |
| Conversation 1 | 50 |
| Conversation 2 | 51 |
| Conversation 3 | 52 |
| Émission de radio 1 | 52–53 |
| Émission de radio 2 | 54 |
| Émission de radio 3 | 55 |
| Interview 1 | 55–56 |
| Interview 2 | 57 |
| Interview 3 | 58 |
| **Compréhension écrite** | |
| Lire pour s'orienter 1 | 59–60 |
| Lire pour s'orienter 2 | 61–62 |
| Lire pour s'orienter 3 | 62–63 |
| Lire pour s'informer 1 | 64–66 |
| Lire pour s'informer 2 | 67–69 |
| Lire pour s'informer 3 | 69–71 |
| **Production écrite** | |
| Écrire dans un forum 1 | 72–74 |
| Écrire dans un forum 2 | 74–76 |
| Écrire un article | 76–79 |
| Écrire une lettre | 80–82 |
| **Production orale** | |
| Entretien dirigé | 83–84 |
| Exercice en interaction | 84–89 |
| Monologue suivi 1 | 89–91 |
| Monologue suivi 2 | 91–92 |
| Monologue suivi 3 | 93–94 |
| Monologue suivi 4 | 95–96 |

## III: Cahier de solutions

| | |
|---|---|
| Solutions «Fais le point» et «Entraînement au DELF-B1» | 2–38 |
| Épreuve blanche DELF-B1 | 39–48 |

# Dossier 1 — Réussir sa vie, ça veut dire quoi?

## Approches

**1 a** Comment est-ce qu'on parle de l'avenir? Relie.

On réussit **1** — **a** une trace.  1 → d
Je voudrais être **2** — **b** un monde meilleur pour mes enfants.  2 → e
Je voudrais laisser **3** — **c** sentir bien dans ma peau.  3 → a
Je voudrais construire **4** — **d** toujours mieux à plusieurs.  4 → b
Je voudrais me **5** — **e** célèbre et qu'on m'admire.  5 → c

**b** Des jeunes parlent de leur avenir. Note pour chaque photo la bonne phrase.

a 2   b 3   c 4   d 1

**2 a** Tu veux parler de ton avenir. Note les verbes et leurs compléments. Il y a plusieurs solutions.

| être   avoir   laisser | sa vie (privée)   une trace   en couple   utile   un travail intéressant |
| rêver   vivre | à l'aise   heureux   de réussir |
| devenir   réussir | la vie qu'on choisit   des amis   riche et célèbre   ___ |

être en couple, être utile, être à l'aise, être heureux/-euse, être riche et célèbre, avoir un travail intéressant, avoir la vie qu'on choisit, avoir des amis, laisser une trace, rêver de réussir, vivre la vie qu'on choisit, devenir riche et célèbre, réussir/vivre sa vie (privée), réussir la vie qu'on choisit

**b** Trouve pour chaque verbe un autre complément. Écris dans ton cahier.   Beispiellösung auf der CD-Extra

**c** Comment vois-tu ton avenir? Qu'est-ce qui compte pour toi? Écris trois phrases. Utilise les mots de **a** et de **b**.

Moi, je voudrais avoir un travail intéressant. Je rêve de rencontrer quelqu'un et de vivre en couple parce que pour moi, la famille, c'est très important. Je veux avoir un but dans la vie et travailler dur pour réussir. Je veux choisir ma vie et la vivre.

# 1A

**1** À ma place, qu'est-ce que tu ferais? Complète le tableau avec les formes des verbes à l'infinitif et au conditionnel. ▶ Verbes, p. 130–133

| | | | |
|---|---|---|---|
| wollen/mögen | ich möchte | vouloir | je voudrais |
| gern haben | ich hätte gern | aimer | j'aimerais |
| können | ich könnte | pouvoir | je pourrais |
| haben | ich hätte | avoir | j'aurais |
| überlegen | ich würde überlegen | réfléchir | je réfléchirais |
| machen | ich würde machen | faire | je ferais |
| sein | ich wäre | être | je serais |
| weggehen | ich würde weggehen | partir | je partirais |
| nehmen | ich würde nehmen | prendre | je prendrais |

**2** Tu (A) aimerais faire de l'escalade et tu en parles à ton/ta corres (B). Il/Elle te donne son avis et des conseils. Préparez vos rôles puis faites le dialogue à deux. Utilisez le conditionnel. Puis échangez les rôles. ▶ Repères, p. 22/1

### A: Sage, dass / Frage, ob

1. Sage, dass du in diesem Sommer gern klettern würdest. Frage, ob **B** Lust hätte, mitzukommen.
   *(cet été / adorer / un stage d'escalade / avoir envie / venir)*

   (2. B: Tu ne devrais pas faire un truc pareil! Moi, j'aurais trop peur!)

3. Sage, dass du gern deine Grenzen kennen und überschreiten möchtest.
   *(vouloir / connaître / dépasser / limites)*

   (4. B: Sans entraînement, tu ne devrais pas prendre un risque pareil!)

5. Frage, was **B** an deiner Stelle machen würde.
   *(à ma place / faire?)*

   (6. B: À ta place, je réfléchirais encore un peu et je ferais un stage de rap! C'est moins difficile!)

### B: Sage, dass / Frage, ob

(1. A: Cet été, j'adorerais faire de l'escalade. Est-ce que tu aurais envie de venir avec moi?)

2. Frage, ob **A** so etwas nicht tun sollte und dass du zu viel Angst hättest!
   *(devoir / un truc pareil / avoir peur)*

(3. A: Non! Moi, je voudrais connaître mes limites et les dépasser.)

4. Sage, dass **A** ohne Training nicht ein solches Risiko eingehen sollte.
   *(sans entraînement / ne jamais prendre / risque pareil)*

(5. A: À ma place, qu'est-ce que tu ferais?)

6. Sage, dass du an seiner/ihrer Stelle noch ein bisschen überlegen und lieber einen Rapkurs machen würdest, weil es weniger schwer ist.
   *(à ta place / réfléchir / encore un peu / stage de rap / moins difficile)*

## 1B

**1 a** Lis le texte de ton livre, p.14 et trouve les mots ou les expressions utiles pour parler de l'engagement.
▶ Les mots pour le dire, p.205/5

1. Lust haben sich zu engagieren — avoir envie de s'engager
2. Firmen anprangern — dénoncer des entreprises
3. länger überlegen — réfléchir plus longtemps
4. als Freiwillige/r arbeiten — travailler comme bénévole
5. Brunnen bauen — construire des fontaines
6. Trinkwasser verbrauchen — consommer de l'eau potable
7. Das lohnt sich! — Ça vaut la peine!

**b** Faites une liste / un associogramme avec les mots et les expressions utiles pour parler de l'engagement. Utilisez les mots de **a**, ceux des textes, p.10, 12 et 14. Échangez vos listes et posez-vous des questions.
▶ Les mots pour le dire, p.205/5   Beispiellösung auf der CD-Extra

**2 a** Tu connais déjà beaucoup de verbes en *-ir*. Mais comment les conjuguer? Note les verbes à l'infinitif dans le tableau. ▶ Verbes, p.130–133

> pourrait   court   agissions   sommes venus
> avons choisi   ai découvert   sens   voudrait
> réfléchis   avons applaudi   agis

Nachdem du die Verben zugeordnet hast, überprüfe und wiederhole ihre Konjugation.
▶ Verbes, p.130–133

| *-ir* comme *finir* ! nous fini**ss**ons | *-ir* comme *sortir* ! nous sortons | verbes irréguliers |
|---|---|---|
| agir, choisir, réfléchir, applaudir | courir, venir, découvrir, sentir | pouvoir, vouloir |

**b** Lucas a participé à la course des héros. Complète avec les verbes de **a** au **présent**, **passé composé**, **impératif** et **conditionnel présent**. ▶ Verbes, p.130–133

Le mois dernier, j'___ai choisi___ de participer à la course des héros. C'est un projet où il s'___agit___ de gagner de l'argent pour une association de notre quartier. Il y avait un poster au collège: «Vous ___voudriez___ aider les autres? Vous vous ___sentez___ responsable? Alors, ne ___réfléchissez___ plus et ___agissez___ !» Alors, je me suis inscrit. Courir, c'est ma passion. Je m'entraîne tous les jours. Normalement, on ___court___ toujours ensemble, mon copain Victor et moi. Cette fois, il n'___est___ pas ___venu___ avec moi mais il ___a applaudi___ notre équipe pendant toute la course. Avec ce projet, nous _____avons découvert_____ la solidarité. Maintenant, je _____voudrais_____ continuer à m'engager!

Comme ça, je _____pourrais_____ peut-être changer les choses!

**c** Discutez et expliquez à deux le choix du temps/mode des verbes de **b**.

**viser 3 a** Pour améliorer ton style, utilise des adverbes. Retrouve les adverbes correspondant aux adjectifs.
▶ Repères, p. 22/2

| vrai   solidaire   inutile   actif   intelligent   facile   long | 1. vrai → vraiment |

vraiment, solidairement, inutilement, activement, intelligemment, facilement, longuement

**b** Stéphane présente l'association où il s'engage. Rends son texte plus vivant en le complétant avec les adverbes de **a**.

1. «1001 fontaines» est une association intéressante qui veut agir _____solidairement_____ contre le problème de l'eau potable.

2. Pendant nos réunions, on ne discute jamais _____inutilement_____ et chacun participe _____activement_____.

3. C'est important parce que, quand on organise un projet _____intelligemment_____, on peut avoir _____facilement_____ du succès.

4. J'ai présenté l'association dans ma classe et on m'a _____longuement_____ interrogé. Ça montre que beaucoup de jeunes veulent s'engager mais ne savent pas _____vraiment_____ comment faire.

**4 a** Avant, Mathis ne s'engageait pas. Décris sa vie quotidienne à l'imparfait. *Beispiellösung auf der CD-Extra*

1. faire / souvent / du shopping
2. choisir / longuement / ses fringues
3. lire vite les étiquettes
4. ne pas consommer / intelligemment
5. ne pas réfléchir / longuement / aux conditions de travail
6. ne pas faire bien attention

1. Avant, il faisait souvent du shopping.

**b** Maintenant, Mathis s'engage pour «Éthique sur l'étiquette» et beaucoup de choses ont changé. Fais des phrases. Utilise *plus/moins/aussi* + adverbe + *que* et le verbe au présent. ▶ Repères, p. 23/3

*Beispiellösung auf der CD-Extra*

1. Maintenant, il fait moins souvent du shopping qu'avant.

**c** Et pour toi? Qu'est-ce qui a changé depuis l'année dernière? Écris trois phrases à l'imparfait puis trois autres phrases avec le comparatif de l'adverbe. *Beispiellösung auf der CD-Extra*

## 1C

**1 a** Rire rend heureux! Alors, rions! Complète ce poème avec les formes du verbe *rire*. ▶ Verbes, p. 133

Matin et soir, idées bleues ou noires,

Moi, je __ris__.

T'as des potes rigolos, tu te sens bien dans ta peau,

Alors, __ris__ fort et haut!

Parce que dans la vie, c'est bon d'avoir des amis

Avec qui on __a__ toujours __ri__ !

Nous, notre passion, c'est le bonheur,

Nous __rions__ même de nos malheurs!

Vous, au ciné, pendant la récré,

Est-ce que vous __riez__ ?

Et nos parents, à quinze ans,

Est-ce qu'ils __riaient__ souvent?

**b** La vie, ce n'est pas toujours rigolo. Dessine le symbole qui correspond (☺ ☹ 💪).

| ☺ rire | ☺ rigolo | 💪 courageux | 💪 costaud | 💪 le courage |
| 💪 avoir de la force | 💪 fort | ☺ solidaire | ☺ rigoler |
| ☹ la tristesse | ☹ pleurer | ☺ sourire | ☹ le malheur |
| ☺ le bonheur | ☺ heureux | ☹ malheureux | ☺ avoir de la chance |
| ☺ le sourire | ☺ le rire | ☺ content | ☹ triste |
| ☺ chanceux | ☺ joyeux | ☺ se sentir bien | ☹ se sentir mal dans sa peau |

**c** Raconte à ton partenaire trois expériences que tu as vécues. Comment est-ce que tu t'es senti/e? Utilise les mots de **b**. ▶ Les mots pour le dire, p. 206/10   Beispiellösung auf der CD-Extra

**2** Qu'est-ce qui est intéressant? Fais des phrases.   Beispiellösung auf der CD-Extra

| C'est intéressant de/d' | faire | prendre un nouveau départ |
| C'est difficile/facile de/d' | (ne pas) avoir | avec ses amis |
| C'est sympa de/d' | (ne pas) devoir | fier de ___ |
| C'est génial de/d' | essayer de | une longue carrière |
| C'est dur de/d' | rire | plaire à ___ |
| C'est important de/d' | (ne pas) être | ___ |
| ___ | ___ | |

> C'est difficile de faire une longue carrière dans le cinéma.

**3 a** Omar Sy, un acteur au top! | Authentische Texte im Radio stellen dich vor besondere Herausforderungen. Nähere dich dem Tempo langsam an. Höre zu. Welche Orte hörst du? Kreuze an.

| Oreste | Trappes | Paris | Vienne | Afrique | Lons | France | Caen | Pax | Hollywood |
|---|---|---|---|---|---|---|---|---|---|
|  | X | X |  | X |  | X |  |  | X |

**b** Höre noch einmal zu. Die Orte werden nun betont. Welche Wörter deuten darauf hin, dass es sich um Orte handelt? Besprecht euch zu zweit.

à Trappes, la banlieue de, viennent de, habitent à, a habité en, habite à

**c** Höre nun den nächsten Abschnitt. Welche Wörter werden betont? Welche Information geben sie dir? Markiere sie.

> Omar Sy aime beaucoup rire dans la vie et dans son travail, comme Jamel Debbouze, son <u>super pote</u>. Tous les deux se connaissent depuis <u>qu'ils sont enfants</u> et même s'ils sont très différents, ils partagent beaucoup de choses: ils viennent <u>du même quartier</u> et sont allés dans le même collège. Et aujourd'hui, ils font <u>le même métier</u>! Et sans Debbouze, Omar ne serait pas l'acteur célèbre qu'on connaît aujourd'hui.

**d** Lies zuerst den Abschnitt und setze Wortgrenzen. Markiere auch die Satzgrenzen.    Wortgrenzen |

> Omar sy a une carrière vraiment étonnante au début il a fait des sketchs et a raconté des blagues à la radio avec son copain fred ensuite il a travaillé pour la télévision et le théâtre il a fait aussi du cinéma et a tourné en 1997 son premier film mais c'est en 2011 grâce au film intouchables qui remporte un succès mondial qu'il va devenir très célèbre.

**e** Hör nun zu und setze dort die Grenzen, wo der Sprecher eine Pause macht. Was fällt dir auf?    Pause ■

**f** Écoute encore une fois le portrait d'Omar Sy et note les bonnes réponses.

1. Omar Sy et Jamel Debbouze se sont rencontrés
   - a ☐ sur une scène de théâtre
   - b ☐ pendant une émission de radio
   - c ☒ au collège de leur quartier

2. Omar Sy a joué dans
   - a ☒ Intouchables
   - b ☐ entre les murs
   - c ☐ Les Profs

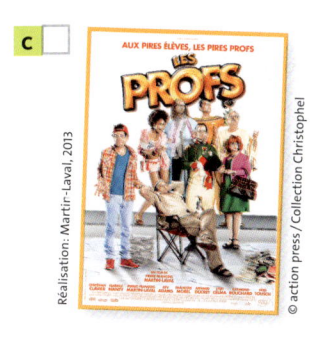

3. Le reporter se demande si Omar Sy est
   - a ☒ (happy)
   - b ☐ (neutral)
   - c ☐ (sad)

4. Sa femme et lui ont
   - a ☐ deux enfants
   - b ☒ quatre enfants
   - c ☐ trois enfants

# 1D

**1 a** Ouvre ton livre à la page 18. Lis le vocabulaire pour parler d'Internet et prépare un exercice pour ta classe. Pense aussi à noter les solutions. ▶ Les mots pour le dire, p. 205/4   Beispiellösung auf der CD-Extra

**b** Jim est tout le temps connecté, Léa préfère sortir avec ses copines. Écris en français ce qu'ils pensent.
▶ Les mots pour le dire, p. 205/4   Beispiellösung auf der CD-Extra

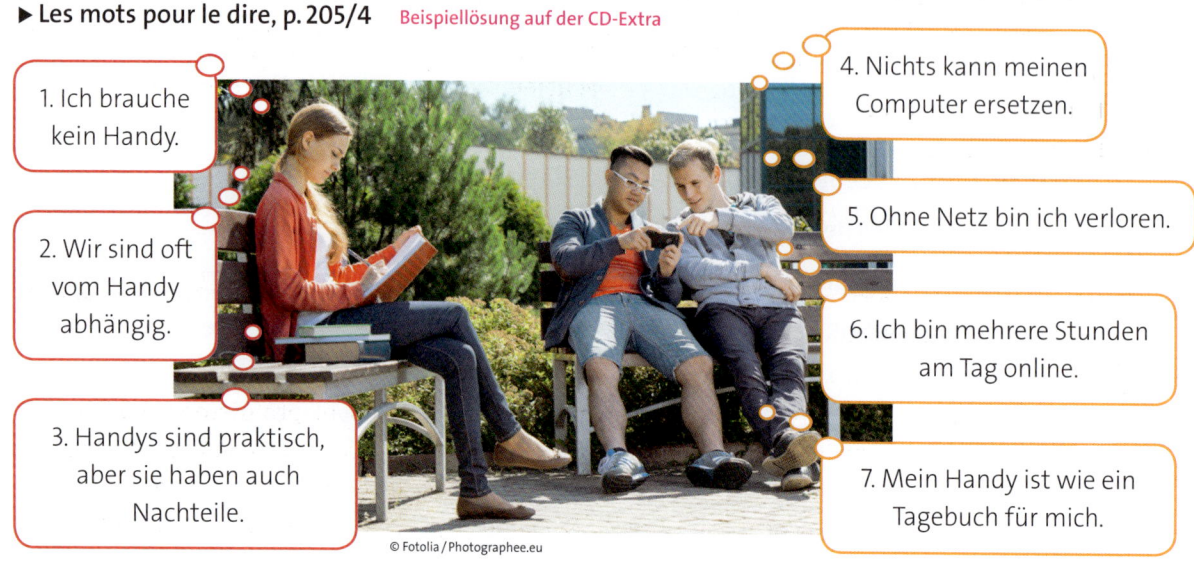

1. Ich brauche kein Handy.
2. Wir sind oft vom Handy abhängig.
3. Handys sind praktisch, aber sie haben auch Nachteile.
4. Nichts kann meinen Computer ersetzen.
5. Ohne Netz bin ich verloren.
6. Ich bin mehrere Stunden am Tag online.
7. Mein Handy ist wie ein Tagebuch für mich.

© Fotolia / Photographee.eu

**2** Noémie a participé à une expérience. Elle a passé une semaine sans son portable. Elle raconte. Fais les phrases. ▶ Repères, p. 23/4 et 23/5

1. pas / D'abord / ne / participer. / voulais / je

    D'abord, je ne voulais pas participer.

2. Mais / rien / je / peur de / ai / n' / dans la vie.

    Mais je n'ai peur de rien dans la vie.

3. voulais / ne / Et puis, / je / être dépendante. / plus

    Et puis, je ne voulais plus être dépendante.

4. connectée! / je / n' / plus / donc / étais / Tout à coup,

    Tout à coup, je n'étais donc plus connectée!

5. ne / jouer / pouvais / D'un côté, / ni / je / en ligne. / ni / chatter

    D'un côté, je ne pouvais ni chatter ni jouer en ligne.

6. personne / et / De l'autre, / rien / ne / ne / m'appelait! / me dérangeait

    De l'autre, rien ne me dérangeait et personne ne m'appelait!

7. Finalement, / n' / ni / a été / cette / ni / dure / expérience / risquée.

    Finalement, cette expérience n'a été ni dure ni risquée.

**3** Avec Internet et les portables, il y a des avantages et des désavantages. Prépare tes arguments. Retrouve d'abord les débuts de phrases puis complète-les. ▶ Les mots pour le dire, p. 211/25  Beispiellösung auf der CD-Extra

| | | | | | | |
|---|---|---|---|---|---|---|
| Quand | | | permettre de | les textos | qui ___ |
| Sans réseau, | je | | avoir besoin de | | | |
| D'un côté | mes parents | | répondre à | un portable | parce que ___ |
| Par contre, | mon/ma | ne … pas/ | pouvoir | ni … ni | chatter | tout de suite |
| À mon avis, | meilleur/e ami/e | plus/rien | acheter | | | |
| D'après | on | | ___ | être connecté | ___ |
| À ta place, | Internet | | | | |
| De l'autre, | ___ | | | ___ | ___ |
| ___ | | | | | | |

**4 a** Tu veux réagir sur un forum. Pour préparer ton texte, retrouve les expressions et complète le tableau dans ton cahier. ▶ Apprendre à apprendre, p. 19/5  Beispiellösung auf der CD-Extra

> **1** nul c'est!   **2** raispour tu   **3** de sayees   **4** siaus moi, meblèpro memê le eu j'ai
> **5** visa mon nerdon draisvou je   **6** vraisde tu   **7** toi veca cordd'ac (pas) suis (ne) je
> **8** técô d'un, trel'au de mais   **9** vas faire tu mentcom pas sais ne je
> **10** meblèpro ton prendscom je   **11** penddé ça   **12** cepla ta à   **13** que dreprencom dois tu

| a tu réagis | b tu parles de ton expérience personnelle | c tu donnes ton avis / tu argumentes | d tu donnes un conseil |
|---|---|---|---|
| | | | |

**b** Maintenant, lis le commentaire de Gentur 14. Complète le message de Lola 15 avec les expressions de **a**.

> Au secours! Ce matin, mon portable a sonné pendant le cours et j'ai dû le donner au prof! C'est jeudi et il me le faut absolument avant le week-end! Aidez-moi!   **Gentur 14**
>
> *Salut Gentur 14,*
>
> *Ton prof t'a pris ton portable!* _____C'est nul_____!
>
> _____Je comprends ton problème_____
>
> *et vraiment,* _____je ne sais pas comment_____
>
> _____tu vas faire_____ *pour tenir jusqu'au week-end. Parce que* _____d'un côté_____,
>
> *grâce au portable, on ne s'ennuie jamais, mais* _____de l'autre_____, *tous les portables*
>
> *de la classe qui sonnent en même temps, c'est l'horreur!* _____À ta place_____, *j'en*
>
> *parlerais au prof. Et surtout,* _____essaye de_____ *rester calme! Ton prof n'est pas un*
>
> *monstre. Ça devrait marcher! Bonne chance et à plus!*  *Lola 15*

# Dossier 1 — Fais le point!

## Vocabulaire

**1** Complète les phrases.

1. Cette entreprise s'engage pour de meilleures _____ de travail.
2. Tu veux changer le monde? Deviens membre de notre _____.
3. Tout ce qui se mange, c'est de la _____.
4. Quand on fait une _____, on demande aux gens leur avis.
5. Grâce au portable, je suis toujours en _____ avec ma corres.

**2** Trouve des mots de la même famille.

1. _____ → le participant / la participante
2. courir → la _____
3. respecter → _____
4. _____ → l'humour
5. travailler → _____
6. partir → _____

**3** Je vais faire une crise! Retrouve les noms des sentiments[1]. Note-les avec l'article défini.

1. heur bon
2. fi ce con an
3. te hon
4. s pa on si
5. heur mal
6. ti ce pa en
7. pl sir ai

[1] le sentiment *das Gefühl*

## Le comparatif des adverbes

**4** Compare. Utilise **–** *moins* / **=** *aussi* / **+** *plus* + **adverbe** + *que*.

1. J'utilise mon ordinateur _____ (**–** /souvent) mon portable.
2. Romain parle _____ (**+** /calmement) Gilles.
3. Je sais _____ (**+** /bien) chatter _____ surfer.
4. Ce matin, je me suis levé _____ (**=** /tôt) hier.

## La négation

**5** Non, c'est non! Complète les phrases. Utilise *ne … pas/jamais/plus* **et** *rien/personne … ne, ne … ni … ni*.

1. _____ le dérange.
2. Nous _____ avons _____ faim.

**3.** Tu _____ connais _____ notre association?

**4.** Je _____ ai _____ vu le désert.

**5.** _____ marche aujourd'hui: _____ mon portable, _____ mon ordinateur!

### Les verbes *rire* et *courir*

**6** Vera montre ses photos à sa copine. Fais les phrases. Utilise les verbes *courir* et *rire (de)*.

1. les filles / la plage
2. Nico / très vite
3. Nous / ses blagues
4. Marie / jamais!

### Le conditionnel

**7** De quoi parlent-ils? Mets les verbes au conditionnel. Puis trouve le mot qui correspond à la situation.

| **a** un film  **b** une invitation  **c** un voyage  **d** un numéro de portable  **e** un conseil |

1. Nous _____ (vouloir) te demander ton avis! ☐

2. Ça te _____ (plaire) de participer à notre action? ☐

3. Vous _____ (pouvoir) répéter, s'il vous plaît? ☐

4. Tu _____ (devoir) absolument le voir. ☐

5. Je crois que Jules et Jim _____ (avoir) envie de partir. ☐

### Qu'est-ce qu'on dit?

**8** Qu'est-ce qu'ils disent? Relie.

D'un côté, le portable, c'est pratique **1**      **a** à la course des héros.
À ta place, je **2**      **b** parlerais à mes parents.
Je participe **3**      **c** d'une association.
Je suis membre **4**      **d** contre la faim dans le monde.
Je m'engage **5**      **e** mais de l'autre, on est trop dépendant.

# Dossier 2 — Sauver la planète

## Approches

**1** Fais le jeu qui se trouve sur le blog d'Anton. Retrouve les mots et explique-les en français.
▶ Les mots pour le dire, p. 205/6 et Méthodes, p. 126/28

- association
- réacteur nucléaire
- environnement
- manifestation
- affiche
- recyclage
- réchauffement
- appareil électrique

*Exemple:* Une **asso**ci**atio**n, c'est un groupe qui s'engage.

**2** Tu connais des expressions avec *être* ou *avoir* que tu peux utiliser pour parler de l'écologie. Fais une liste. Puis, écris cinq phrases avec ces expressions. ▶ Les mots pour le dire, p. 205/6 *Beispiellösung auf der CD-Extra*

*Exemple:* Je **suis au courant** des problèmes de notre planète et **j'ai envie** de m'engager.

**3 a** François présente ces statistiques sur les Français et l'écologie. Complète ses phrases avec les expressions ci-dessous. ▶ Les mots pour le dire, p. 209/19

**Quel est le plus grand problème écologique pour les Français?**
(les catastrophes naturelles / le bruit, 2008–2013)

**Avez-vous acheté des produits bios une fois par mois?** (2008–2013)

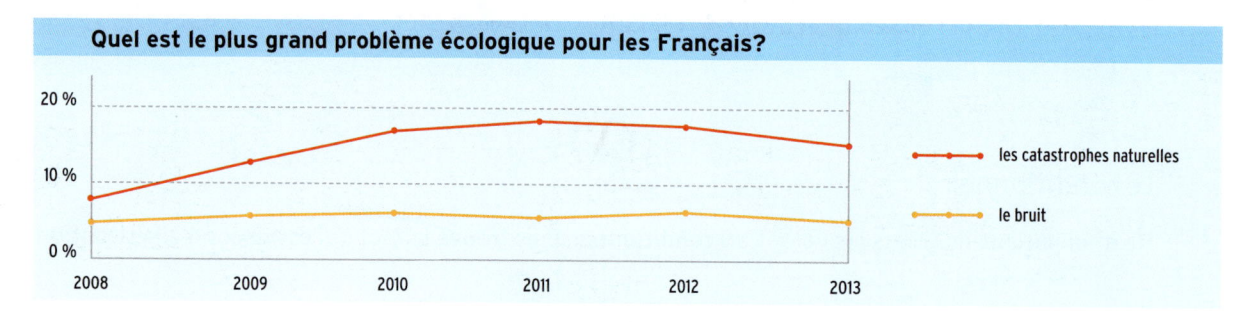

- le plus grand
- 32 % des Français
- entre 2008 et 2013
- une fois par mois
- depuis 2010
- entre 5 et 6 % des Français
- la moitié des Français

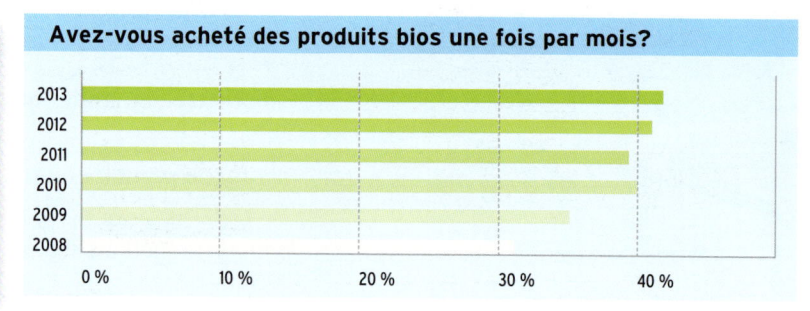

1. _Entre 5 et 6 % des Français_ disent en 2008 que _le plus grand_ problème écologique pour eux est le bruit.

2. _Depuis 2010_, les Français pensent que les catastrophes naturelles sont aussi un grand problème.

3. En 2013, moins de _la moitié des Français_ fait ses courses dans un supermarché bio.

4. En 2008, _32 % des Français_ ont acheté des produits bio _une fois par mois_.

5. _Entre 2008 et 2013_ les choses ont un peu changé.

**b** Note trois autres phrases pour présenter les statistiques. ▶ Les mots pour le dire, p. 209/19

## 2A

**1 a** Sauvons la planète! Relie les phrases qui vont ensemble pour faire un micro-dialogue.

– Il faut <mark>sauver</mark> les tortues de Floride! **1**     **a** – Je sais, mais <mark>fais un effort</mark> s'il te plaît!    1 → c
– Tu as éteint ton ordinateur? **2**    **b** – Non, je prends l'avion!    2 → e
– Tu as appelé Luc? **3**    **c** – C'est vrai, elles sont <mark>en danger</mark>!    3 → d
– Tu vas à Montpellier <mark>en train</mark>? **4**    **d** – J'ai essayé mais il a <mark>éteint</mark> son smartphone.    4 → b
– Armelle et Zoé m'énervent! **5**    **e** – Non, je le laisse toujours <mark>en veille</mark>!    5 → a

**b** Note les expressions en jaune de **a** avec leur traduction et apprends-les. *Beispiellösung auf der CD-Extra*

**Tipp:** Continue ta liste et complète-la après chaque cours.

**2 a** Charlotte est très organisée. Écris les phrases selon le modèle. Utilise *avant de* + infinitif. ▶ Livre, p. 31/3

*Beispiellösung auf der CD-Extra*

1. Charlotte / ranger / chambre / sortir.
2. Elle / choisir / film / inviter / copine / cinéma.
3. Elle / éteindre / ordinateur / quitter / chambre.
4. Elle / discuter / amis / participer / actions.
5. Elle / chercher / informations / réacteurs nucléaires / aller / manifestation.

*1. Avant de sortir, Charlotte range sa chambre.*

**b** La mère de Charlotte part pour quelques jours. Elle laisse des conseils à sa fille. Qu'est-ce qu'elle écrit? Fais les phrases. Utilise l'impératif et *avant de* + infinitif. ▶ Livre, p. 31/3    *Beispiellösung auf der CD-Extra*

*1. Regarde dans le frigo avant d'aller faire les courses!*

**Tipp:** Lerne die Formen von *éteindre*.
▶ Verbes, p. 132

**3** Victor parle de ses gestes écolo. Complète son texte à l'aide d'un dictionnaire bilingue ou en ligne.
▶ Apprendre à apprendre, p. 31/4; Les mots pour le dire, p. 205/6    *Beispiellösung auf der CD-Extra*

| | |
|---|---|
| 1. Ce n'est pas toujours facile de ❓ mais j'essaie de le faire avec des gestes écolo. | die Umwelt schützen |
| 2. Le geste le plus important pour moi, c'est quand je ❓ les déchets. | trennen |
| 3. Par exemple, je recycle le ❓ dans des poubelles spéciales. | Glas |
| 4. Quand je me douche, je ne laisse pas trop l'eau ❓. | laufen |
| 5. Avant de quitter ma ❓, je ❓ la lumière. | Zimmer / ausschalten |
| 6. Comme ça, on va peut-être pouvoir ❓ la planète. | retten |

## 2B

**1** Hervé et Samira présentent les clubs du lycée. Complète chaque phrase avec le verbe qui convient.
▶ Verbes, p. 130–133

> améliorer   espérer   nettoyer
> persuader   protéger   remplacer
> s'informer   s'intéresser   trier

**1** Au club anglais, nous discutons et nous __améliorons__ notre anglais!

**2** Au club informatique, nous __remplaçons__ les vieux ordinateurs par des appareils plus modernes!

**3** Au club nature, tu __t'informes__ sur les animaux en danger et tu __protèges__ la planète.

**4** Au club politique, nous __persuadons__ les gens d'agir.

**5** Au club écologie, les élèves __nettoient__ la cour et __trient__ le papier pour le recycler. Ils __espèrent__ recevoir bientôt un label.

**6** Vous __vous__ __intéressez__ au dessin et à la mode? Allez au club design!

**2** Complète les dialogues avec le verbe *recevoir* à la forme qui convient. ▶ Verbes, p. 133

**1** Je __reçois__ chaque jour un cadeau! — Elle n'__a__ pas __reçu__ mon texto!

**2** Les premiers __reçoivent__ une médaille! — Nous __recevons__ la médaille!

**3** Vous __recevez__ des textos de vos fans? — On __reçoit__ surtout des lettres!

**3** On veut un monde plus écolo! Complète avec *plus / moins / aussi ... (que)*. Pense à l'accord de l'adjectif! ▶ Repères, p. 41/3

L'éco-délégué de notre collège est (= / *motivé*) ___aussi motivé___

___que___ notre médiateur et ses actions sont (+ / *intéressant*)

___plus intéressantes que___ les actions du club photo. Il nous

a expliqué que les bouteilles en plastique sont (− / *cher*) ___moins chères___ mais

(+ / *polluant*) ___plus polluantes que___ les bouteilles en verre. Pour la santé, les produits

de qualités sont (+ / *bon*) ___meilleurs que___ les OGM. Je veux devenir (= / *responsable*)

___aussi responsable que___ lui et construire un avenir (+ / *propre*) ___plus propre___.

**4** Julien est éco-délégué. Il a préparé un discours pour sa classe mais il a tout mélangé. Fais les phrases et traduis-les. ▶ Repères, p. 40/1   *Beispiellösung auf der CD-Extra*

1. année / plus / va / papier / On / recycler / l' / dernière. / que / de
2. surveillants. / que / participation / Malheureusement, / on / profs / de / des / attend / moins / des
3. troisième B. / la / que / sponsors / On / de / voudrait / autant
4. actions / plus / collège / d' / que / Notre / frère. / de / collège / le / organise / mon

**5** Rose et Sébastien ont passé leurs vacances à l'hôtel. Compare et fais les phrases. Utilise *plus / moins / autant de ... que*. ▶ Repères, p. 40/1   *Beispiellösung auf der CD-Extra*

un label   un appareil électrique
produire des déchets

**1** Rose

**2** Sébastien

**6** Julien a trouvé un article qui parle d'un éco-délégué et veut savoir s'il fait la même chose que lui. Tu lui expliques. ▶ Les mots pour le dire, p. 205/6

*Beispiellösung auf der CD-Extra*

**Öko-Beauftragter**   16.09.2015 | 18:44 Uhr

Das neue Schuljahr ist inzwischen gut eine Woche alt. Und alle Posten sind vergeben. Sie erinnern sich? Klassensprecher. Stellvertreter. Tafeldienst. Alles wie früher?
Mein Sohn (8. Klasse) kam am dritten Schultag nach Hause und verkündete, er sei nun Öko-Beauftragter. Uii, dachte ich, wird die Schule endlich umweltbewusster? Der 13-Jährige erklärte, er müsse dafür sorgen, dass gelüftet wird und danach muss er die Fenster schließen. Außerdem müsse er Blumen gießen und am Ende der Stunde das Licht ausmachen. Tatsächlich: Alles wie früher – als Raumpflegerinnen auch noch Putzfrauen waren.

## 2C

**1** Moussa raconte à son ami Eddy ses vacances en Guyane et lui montre ses photos. Écoute et coche l'intrus!

DELF

**2 a** Radio Monde a interviewé Sanjana. Écoute et coche si c'est vrai ou si c'est faux. Puis, corrige dans ton cahier les affirmations qui sont fausses.

|  | vrai | faux |
|---|---|---|
| 1. Sanjana habite dans le centre-ville de Cayenne. |  | X |
| 2. Sanjana n'a pas peur dans la forêt tropicale. |  | X |
| 3. L'école de Sanjana se trouve dans les montagnes du parc régional. |  | X |
| 4. Avec sa classe, Sanjana a fait une action pour l'environnement. | X |  |
| 5. Avec sa classe, Sanjana s'engage pour sauver les oiseaux. |  | X |

**b** Radio Monde a aussi rencontré Élimane. Écoute l'interview et souligne les erreurs. Puis corrige-les.

Élimane <u>a 17 ans</u> et <u>il habite à Dakar</u>, la capitale du Sénégal. <u>Il y a toujours eu l'électricité</u> dans son quartier. Grâce à la mini-centrale <u>qui fonctionne à l'énergie nucléaire</u>, le père d'Élimane travaille plus vite. La mère d'Élimane <u>ne profite pas de l'électricité et continue d'aller tous les jours au marché</u>. Pour Élimane, l'électricité est une vraie chance car il <u>peut travailler très tôt le matin, avant le petit-déjeuner</u>. Comme ça, il peut mieux préparer son examen!

**Réviser 3 a** Pour rendre tes textes intéressants, utilise des adjectifs. Pense à faire l'accord. Attention à la place de l'adjectif! *Beispiellösung auf der CD-Extra*

beau ☀ écologique 🌳 électrique ⚡
dangereux ☠ lourd/e 🏋 nouveau ☘
polluant/e ⚠ solidaire ⚭ vieux 🌙

1. Une ? activité ? . ☠ ☘
2. De ? produits ? . ☘ ⚠
3. Un ? projet ? . ⚭ ☘
4. Un ? appareil ? . ⚡ 🌙
5. De ? éoliennes ? et ? . 🌳 ☀ 🏋

**b** Voici Charles et Hélène. Pour quel projet s'engagent-ils? Qu'est-ce qu'ils sont en train de faire? Décris-les et parle de leurs activités. Utilise aussi les adjectifs de **a**. ▶ Méthodes, p. 121/22  *Beispiellösung auf der CD-Extra*

autre   beau/belle   bon/bonne   certain/e   courageux/-euse   criminel/le
dangereux/-euse   différent/e   électrique   engagé/e   grand/e   ironique   jeune
joli/e   moche   moderne   motivé/e   normal/e   nucléaire   polluant/e
pratique   propre   renouvelable   responsable   tropical/e   vert/e   vieil/le

**4 a** Protégeons l'environnement! Retrouve les mots dans la grille et faire des paires. ▶ Liste des mots, p. 167–184

**b** Dans chaque phrase, il y a deux mots de la même famille. Complète avec les mots de **a**. Pense à conjuguer les verbes et à accorder les noms et les adjectifs.

1. Noah et ses parents _____habitent_____ sur une île où il n'y a pas beaucoup d'_____habitants_____.

2. C'est une _____région_____ magnifique: il y a trois parcs _____régionaux_____!

3. Dans cet endroit, il y a beaucoup de _____soleil_____, alors ils ont mis des panneaux _____solaires_____ sur leur maison!

4. Avec l'_____électricité_____ qu'ils produisent, ils peuvent utiliser plusieurs appareils _____électriques_____.

5. À cause du _____réchauffement_____ du climat, il fait de plus en plus _____chaud_____!

6. Ils ont aussi _____construit_____ une cabane dans le jardin. Tous leurs amis ont participé à la _____construction_____!

7. La spécialité de la mère de Noah, c'est le _____recyclage_____. Papier, verre, vêtements, elle _____recycle_____ tout!

8. Le père de Noah travaille pour une entreprise qui _____produit_____ des ordinateurs et des smartphones. Leurs _____produits_____ sont célèbres dans le monde entier!

9. Noah est un jeune homme très _____actif_____: il adore les _____actions_____ dans la forêt.

**5** Qu'est-ce qu'on dit en français? Note dans ton cahier. ▶ Liste alphabétique, p. 185–198
Beispiellösung auf der CD-Extra

1. – die neuen Energien
– die erneuerbaren Energien

2. – eine empfindliche Gesundheit
– ein zerbrechliches Glas

3. – ein gefährliches Tier
– ein gefährdetes Tier

4. – ein tropisches Klima
– tropische Länder

## 2D

**1** Le club environnement du lycée Diderot a fait des commentaires sur cette publicité. Complète-les. Pense à conjuguer les verbes. ▶ Liste des mots, p. 148–149

d'après
présenter
écrire
informer
persuader
polluer
publicité
répéter
s'agir de
suggérer *(2x)*

**1** Il __s'agit d'__ une __publicité__ pour de l'eau minérale.

**2** __D'après__ le slogan, la bouteille en plastique est biodégradable.

**3** On __écrit__ «Végétal» comme Volvic pour __suggérer__ que c'est un produit qui ne __pollue__ pas.

**4** L'image __suggère__ que la bouteille est un produit qui protège la nature.

**5** On __répète__ le mot «végétal» trois fois pour nous __persuader__ que c'est un produit écologique.

**6** On nous __informe__ que la bouteille est 100 % recyclable mais on ne __présente__ pas ses composants.

**2** Les habitants d'un village parlent des problèmes de leur région. Ton corres ne les comprend pas. Tu traduis.
▶ Livre, p. 37/3   Beispiellösung auf der CD-Extra

construire   la manifestation   la viande   produire
l'énergie nucléaire   les éoliennes   sur la côte

1. In unserer Gegend werden oft Demonstrationen gegen die Atomkraft organisiert.
2. In den letzten Jahren wurden viele Windräder in der Nähe gebaut.
3. Hier wird viel Fleisch produziert.
4. Ich finde, dass an der Küste zu viele Hotels gebaut wurden.

**3 a** Dans sa chanson «M'en voulez-vous?», Pauline Croze parle de ce qui est important pour elle. Écoute et traduis les phrases dans ton cahier. ▶ Repères, p. 40/2    *Beispiellösung auf der CD-Extra*

1. De la vie, je ne prends que la dolce vita.
2. De l'amour, je n'attends qu'une main sans la bague[1] au doigt, comprenez-vous?
3. De mon enfance[2], je n'ai gardé que l'insouciance[3].
4. De mes histoires, je n'ai pris que le meilleur.

**1 la bague** der Ring  **2 l'enfance** f. die Kindheit  **3 l'insouciance** f. die Sorglosigkeit

**b** Et toi? Tu ne peux garder qu'une chose. Qu'est-ce que c'est? Complète. ▶ Repères, p. 40/2

voir   attendre   faire   aimer   garder   participer

Au collège, je ne/n' __participe__ que/qu' __au club environnement__.

Avec mes potes, je ne/n' __fais__ que/qu' __des projets intéressants__.

De mes expériences, je ne/n' __attends__ que/qu' __des gestes responsables__.

Pendant la fête, je ne/n' __vois__ que __des jeunes qui s'amusent__.

De mes vacances, je ne/n' __garde__ que __les meilleurs photos__.

Dans le quartier où j'habite, je ne/n' __aime__ que __le parc à côté__ __de chez moi__.

**4** Ton corres s'intéresse à la photo qui accompagne cet article et te demande de quoi il s'agit. Tu le lui expliques.   *Beispiellösung auf der CD-Extra*

### Kalkar: Wie ein Kernkraftwerk zum Wunderland wurde

1973 begannen die Bauarbeiten für das Kernkraftwerk, das ursprünglich 500 Millionen kosten sollte und letztendlich 7 Milliarden verschlang. Doch das Kernkraftwerk kam nie in Betrieb, weil die neue Technologie als zu gefährlich und nicht beherrschbar eingestuft wurde. Ab 1974 wurde schon gegen das Kernkraftwerk demonstriert. 1977 kam es bei einer Großdemonstration zum größten Polizeiaufgebot in der Geschichte der Bundesrepublik. 1985 fertiggestellt wurde es nach dem endgültigen Aus 1991 zu einer der größten Investitionsruine Deutschlands. Den 93 Meter hohen Kühlturm abzureißen, hätte nochmals fast 100 Millionen gekostet. Also wurde lieber nach einem Investor gesucht, der bereit war, das 55 Hektar große Gelände mit der Betonruine drauf zu kaufen. Ein holländischer Unternehmer erwarb es und wandelte es in einen riesigen Freizeitpark um mit Karussells und Achterbahnen. Ein großes Hotel steht nun auf der ehemaligen Industrie-Brache. Berglandschaften, Musik und Plastikblumen beleben den Reaktor. Und es gibt Pommes anstelle von radioaktiven Brennstäben.

Und wie ist es mit der Energie? Der Verbrauch des früheren Brüters ist heute schon enorm: drei Millionen Kilowattstunden im Jahr plus 550.000 Kubikmeter Gas. Und deswegen muss in Kalkar künftig wohl doch noch Strom produziert werden. Man plane, ein Windrad zu bauen und vielleicht auch noch weitere Anlagen um erneuerbare Energien zu nutzen, sagt der Investor.

# Dossier 2 — Fais le point!

## Vocabulaire

**1** C'est comment? Trouve l'intrus.

1. **l'énergie:** solaire – renouvelable – biodégradable – électrique – nucléaire
2. **un composant:** dangereux – polluant – ironique – biodégradable – écologique
3. **du linge:** blanc – noir – cassé – trempé – propre
4. **une personne:** engagée – responsable – polluante – heureuse – fragile

**2 a** Trouve le verbe qui va avec ces compléments.

1. la cuisine / les fenêtres / le linge / sa voiture / les fruits _____

2. de l'argent / un e-mail / une enveloppe / un cadeau / un label _____

3. l'énergie / du temps / l'argent / ses efforts / l'électricité _____

4. des journaux / le verre / du papier / les déchets _____

5. la télévision / un appareil / la lumière _____ son ordinateur / les bougies / son smartphone / la machine à laver

**b** Complète chaque phrase avec une expression de **a**.

1. Anna _____ avant de se coucher.

2. L'année dernière, nous _____ pour Noël: 50 euros!

3. Est-ce que tu _____ déjà _____ pour le dessert?

4. Avec ces panneaux solaires, ils _____.

5. Dans mon collège, on _____.

## Les verbes

**3** Complète avec le verbe *éteindre* ou *recevoir* à la forme qui convient.

1. Vous _____ la musique ou j'appelle la police!

2. Vous n'_____ pas _____ notre message?

3. Nos voisins _____ toujours plein de paquets!

4. Pourquoi est-ce que tu _____ les bougies?

### Avant de + infinitif

**4** Qu'est-ce qu'il vaut mieux faire d'abord? Trouve le bon ordre et fais des phrases! Commence par *Il vaut mieux* + inf. et utilise *avant de* + inf.

1. ranger sa chambre / inviter les copains
2. ranger le linge / laver le linge
3. répondre aux questions / lire le texte
4. sortir / s'habiller
5. économiser de l'argent / partir en vacances
6. être vieux / profiter de la vie

### Le comparatif des adjectifs et des quantités

**5** Arthur et sa sœur se ressemblent. Compare-les. Utilise *plus / moins / aussi ... que* et *plus de / moins de / autant de ... que*.

Arthur est (= / riche) _____ sa sœur. Il a (= / les vêtements) _____

_____ elle. Mais il a (+ / les chaussures de sport) _____

elle parce qu'il est (+ / sportif) _____ elle! Par contre, ils ont tous les deux

(= / les appareils électroniques) _____ : un smartphone, un ordinateur

et une console. Élise a (− / les jeux vidéo) _____ son frère parce qu'elle

est (− / fan) _____ lui! Mais elle est (= / motivée) _____

_____ Arthur pour regarder des DVD de Dani Boon.

### La négation avec *ne* + verbe + *que*

**6** C'est génial ou bizarre? Fais les phrases. Utilise *ne* + Verbe + *que*. Attention au temps des verbes.

1. C'est dommage! / marquer un but 
2. C'est nul! / chanter vingt minutes 
3. C'est bizarre! / vendre des plats végétariens 
4. C'est génial! / coûter 2 € 
5. C'est super! / faire une faute 
6. C'est triste! / avoir deux fans

### Qu'est-ce qu'on dit?

**7** Au club écologie du collège, on s'intéresse à l'environnement. Qu'est-ce que tu dis en français?

1. Dieser Sänger wird für sein Engagement sehr bewundert.
2. Im Erdkundeunterricht werden die Probleme im Regenwald diskutiert.
3. Hier wird deutsch gesprochen.
4. In der Werbung wird mit der Farbe Grün die Liebe zur Natur angedeutet.

# Dossier 3 : Trouver sa place dans l'avenir

## Approches

**1 a** C'est quel métier? Écoute et note les numéros correspondants. Puis note le métier. Attention, il y a deux métiers en trop.

1. informaticien/informaticienne
2. cuisinier/cuisinière
3. homme au foyer / femme au foyer
4. fleuriste

**b** Qui fait quoi? Écris des définitions pour chaque métier de **a**.
▶ Méthodes, p. 126/28
Beispiellösung auf der CD-Extra

| travailler | à manger |
| faire | les fleurs |
| s'occuper de | les enfants |
| servir | un ordinateur |
| vendre | un magasin |
| inventer | les jeux vidéo |
| préparer | un restaurant |
| réparer | les bons plats |
| ___ | les courses |

> 1. Un informaticien, c'est une personne / quelqu'un qui sait réparer un ordinateur.

**2 a** Lis et surligne d'abord la phrase qui explique la cause (die Begründung). ▶ Repères, p. 58/1

1. Je ne vais pas sortir. / **J'ai beaucoup de devoirs ce week-end.**
2. Il travaille dans le restaurant de sa tante. / (Il n'a pas trouvé de stage pendant les vacances.)
3. (Nous adorons voyager.) / Nous posons notre candidature dans une agence de voyages.
4. Je me couche tôt. / (Je suis stressé ce soir.)
5. (Il fait froid aujourd'hui.) / Je ne fais pas de promenade avec mon chien.
6. Nous ne partons pas en vacances. / (Mon père est au chômage.)

**b** Utilise les phrases de **a** pour faire des phrases qui expriment la cause. Utilise *comme* ou *parce que*.
▶ Repères, p. 58/1    Beispiellösung auf der CD-Extra

> 1. Je ne vais pas sortir parce que j'ai beaucoup de devoirs ce week-end.

# 3A

**1** Dans ce jeu de rôle, vous parlez de vos projets professionnels et vous donnez des conseils. Préparez vos rôles et jouez. A joue le rôle de Florent/Florence, B joue le rôle de Martin/Martine.
▶ Les mots pour le dire, p. 210/23

| **Partenaire A** = Florent/Florence | **Partenaire B** = Martin/Martine |
|---|---|
| 1. **A**: Frage, ob **B** schon weiß, was er/sie gern später werden möchte. *(aimer devenir)* <br><br> (**B**: Moi, je voudrais devenir infirmier/infirmière. J'ai déjà fait plusieurs stages.) | (**A**: Est-ce que tu sais déjà ce que tu aimerais devenir plus tard?) <br><br> **B**: Sage, dass du Krankenpfleger/-schwester werden möchtest und dass du schon mehrere Praktika gemacht hast. *(vouloir devenir)* |
| 2. **A**: Frage, welche Eigenschaften man für diesen Beruf braucht. *(qualités / métier)* <br><br> (**B**: C'est un métier où il faut aimer communiquer et travailler en équipe. Et toi, qu'est-ce que tu as comme projets?) | (**A**: Quelles qualités est-ce qu'il faut avoir pour ce métier?) <br><br> **B**: Sage, dass es ein Beruf ist, wo man gerne kommunizieren und Teamarbeit mögen muss. Frage **A**, was er/sie vorhat. *(travailler en équipe)* |
| 3. **A**: Sage, dass du nicht in einem sozialen Beruf arbeiten könntest, weil kranke Leute nicht dein Ding sind. *(métier du social)* <br><br> (**B**: Alors, tu te vois dans quel domaine?) | (**A**: Moi, je ne pourrais pas travailler dans un métier du social parce que les gens malades, ce n'est pas mon truc.) <br><br> **B**: Frage **A**, in welchem Gebiet er/sie sich sieht. *(se voir)* |
| 4. **A**: Sage, dass du gern die Möglichkeit hättest, im Freien zu arbeiten. *(travailler en plein air)* <br><br> (**B**: Comme la nature est importante pour toi, tu devrais faire un apprentissage chez un jardinier.) | (**A**: J'aimerais / Je voudrais avoir la possibilité de travailler en plein air.) <br><br> **B**: Sage, dass **A** eine Lehre bei einem Gärtner machen sollte, da für ihn/sie die Natur wichtig ist. *(faire un apprentissage)* |
| 5. **A**: Bejahe. Sage aber, dass es nicht sofort möglich sein wird, da du schon einige Bewerbungen an Computerfirmen geschickt hast. *(être possible tout de suite / le domaine de l'informatique)* <br><br> (**B**: Pourquoi? Tu voudrais devenir informaticien/informaticienne?) | (**A**: C'est vrai. Mais comme j'ai déjà posé ma candidature dans des entreprises qui travaillent dans le domaine de l'informatique, ça ne va pas être possible tout de suite.) <br><br> **B**: Frage warum und ob **A** gerne Informatiker/in werden würde. *(informaticien/ne)* |
| 6. **A**: Sage, vielleicht. Sage, dass du Computer schon immer gemocht hast. *(aimer / les ordinateurs)* <br><br> (**B**: Tu es sûr/sûre? Dans ces métiers, il faut rester sur une chaise toute la journée.) | (**A**: Peut-être. J'ai toujours aimé les ordinateurs.) <br><br> **B**: Frage, ob **A** wirklich sicher ist, weil man in diesen Berufen den ganzen Tag auf einem Stuhl sitzen bleiben muss. *(rester / la chaise)* |
| 7. **A**: Sage, dass es stimmt und dass du es dir noch einmal überlegen solltest. <br><br> (**B**: Et aujourd'hui, même les jardiniers utilisent des ordinateurs.) | (**A**: C'est vrai. Je devrais y réfléchir encore une fois.) <br><br> **B**: Sage, dass auch Gärtner heutzutage Computer benutzen! |

## 3B

**1** Complète avec les formes des verbes *suivre* et *poursuivre*. ▶ Verbes, p. 133

1. __Suis/Suivez__-moi jusqu'au bout de monde !
2. Les enfants __suivent__ des cours d'accordéon.
3. Il me __suit__ partout !
4. __Poursuivez__, s'il vous plaît !
5. Nous __poursuivons__ le projet.

**2 a** Tu connais bien le système scolaire français. Complète les définitions. ▶ Liste des mots, p. 167–184

1. Quand on a entre 6 et 7 ans, on rentre à l'__école primaire__.
2. Le __collège__ commence en sixième.
3. L'__examen__ qu'on passe à la fin de la troisième s'appelle le __brevet__.
4. À la fin du __lycée__, on passe le __baccalauréat__.
5. Ma __matière__ préférée, c'est la physique.
6. Quand on fait des __stages__, on découvre plein de métiers.
7. Pour apprendre un métier, il faut faire un __apprentissage__.
8. Dans ton dossier de __candidature__, tu mets une lettre de __motivation__ et un __CV__.

**b** Maintenant écoute et corrige, si nécessaire. Puis écoute encore une fois et répète.

**3** Lis le texte, p. 50 et retrouve les expressions. Puis écris la biographie professionnelle de David Capy.
▶ Méthodes, p. 121/22 ; Les mots pour le dire, p. 205/7 et p. 206/8    Beispiellösung auf der CD-Extra

| passer | son entreprise |
| créer | sa formation |
| suivre | un concours |
| poursuivre | le brevet |
| faire | prof |
| travailler | un prix |
| gagner | un apprentissage |
| devenir | des cours |
| retourner | à l'étranger |
| | dans une école de pâtisserie |
| | à l'école |

même  ensuite  au début  après
parce que  toujours  finalement
courageusement  maintenant  d'abord

D'abord, David Capy a passé son brevet. Ensuite, il ...

**4 a** Tu veux présenter Ludovic Nantes, sa formation et son métier. De quelles informations as-tu besoin? Fais un tableau avec des mots-clés. *Beispiellösung auf der CD-Extra*

**b** Lis maintenant le portrait de Ludovic Nantes. Souligne les informations principales en rouge et les détails en vert. Puis, complète ton tableau de **a**.

- nom
- ville
- âge
- formation/diplômes
- domaines
- concours
- projets
- ___

> Wenn es dir schwerfällt, wichtiges zu markieren, dann nutze die Wegstreichmethode.
> ▶ Méthodes, p. 120 / 3

## MÉCANICIEN/NE OUTILLEUR/EUSE OU DE PRÉCISION

**Qualités:** Ingénieux – Logique – Minutieux
**Salaire:** 1 900 € brut/mois. Jusqu'à 3 500 € et + pour une responsable de la maintenance.
**Niveau de formation:** CAP à licence

**Portrait LUDOVIC NANTES MÉCANICIEN DE PRÉCISION**

**SON PARCOURS**

La mécanique et les voyages, ce sont mes deux passions! Alors, à 15 ans, j'ai commencé mon apprentissage chez les Compagnons du Devoir. J'ai eu mon BEP métier de la production mécanique informatisée (MPMI). À 17 ans, j'ai participé au concours du meilleur apprenti de ma région et j'ai gagné le premier prix. Ensuite, j'ai décidé de faire le Tour de France: j'ai commencé à Toulouse dans une entreprise de mécanique de précision. En même temps, j'ai passé mon bac
5 pro de technicien outilleur. Ensuite, je suis parti à Besançon où j'ai travaillé dans une entreprise qui fabriquait des pièces spéciales. Ça a été une expérience très riche!
Aujourd'hui, je travaille à Nancy dans une entreprise spécialisée dans l'automobile. Je suis responsable de toute la production. Je m'occupe du contrôle qualité et de l'amélioration des conditions de travail. En parallèle, je poursuis des études en mécatronique avec pour objectif la licence. Et j'ai de nouveaux projets de voyages professionnels: je pars
10 l'année prochaine au Canada!

**c** Voici un texte qui présente Ludovic Nantes. Complète-le avec les informations tirées du tableau de **b**.

Ludovic Nantes a toujours adoré _____la mécanique_____ et _____les voyages_____.

Il a donc fait _____un apprentissage avec les Compagnons du Devoir_____.

À ___17 ans___, il passe son ___BEP___ et gagne le _____premier prix_____.

Depuis, il a toujours poursuivi sa formation. Il a passé son ___bac pro___ et maintenant il fait des études en _____mécatronique_____. Pendant son ___Tour de France / apprentissage___, il a découvert des villes et des entreprises différentes. Maintenant, il travaille à Nancy dans le domaine de _____l'automobile_____. Son projet, c'est de partir en ___voyage___ _____professionnel_____ au Canada.

## 3C

**1** Voici Damien. Il vient d'où? Il habite où? Quel est son métier? Présente-le. ▶ Liste des mots, p. 154; Les mots pour le dire, p. 204/1. *Beispiellösung auf der CD-Extra*

habiter   adorer   être   s'engager
inventer   construire   agir   venir de

**2 a** C'était quand? Écoute et classe les expressions de temps dans la catégorie qui correspond.

cet après-midi   tous les soirs   l'année dernière   dans un mois
en ce moment   ce matin   la semaine prochaine
le week-end prochain   dans cent ans   bientôt   plus tard
la semaine dernière   maintenant   en 2050   depuis un an

| hier: | imparfait | aujourd'hui: | présent | demain: | futur composé |
|---|---|---|---|---|---|
| | passé composé | | | | |
| l'année dernière, | | cet après-midi, tous les soirs, | | dans un mois, la semaine | |
| tous les soirs, ce matin, | | en ce moment, | | prochaine, tous les soirs, | |
| la semaine dernière | | ce matin, maintenant, | | le week-end prochain, | |
| | | depuis un an | | dans cent ans, bientôt, plus | |
| | | | | tard, en 2050 | |

**b** Écoute encore une fois. Quels temps est-ce que tu entends? Complète ton tableau de **a**.

imparfait   futur composé
passé composé   présent

**3 a** Retrouve ce que Fatou et Leandro disent de l'avenir de leurs pays. Note ces phrases en français.
▶ Texte, p. 52; Les mots pour le dire, p. 206/9   *Beispiellösung auf der CD-Extra*

Sie sagen, dass …
1. alle Leute Wasser haben werden.
2. alle Kinder in die Schule gehen werden.
3. die Klassen kleiner sein werden.
4. die Jugendlichen nicht mehr mit einem Stift schreiben werden.
5. man in den Alpen nicht mehr Ski fahren können wird.
6. Roboter die Arbeit auf dem Bauernhof machen werden.

**Tipp:** So gehst du vor:
1. Unterstreiche die Verben in jedem Satz.
2. Notiere die Infinitive.
3. Bilde die passende Form und formuliere den Satz.

1. dass alle Leute Wasser haben werden. → avoir → Tout le monde aura de l'eau.

**b** Choisis trois infinitifs de **a** et note toutes les formes du futur simple. ▶ Verbes, p. 130; Repères, p. 58–59
*Beispiellösung auf der CD-Extra*

**4** Malika rêve de son avenir. Complète avec les verbes au futur simple.
▶ Repères, p. 58/2

pouvoir   passer
travailler   être   payer
ressembler   faire

1. En l'an 2128, la vie ___sera___ plus facile.

2. Nous ___travaillerons___ six mois par an.

3. Est-ce que vous ___passerez___ beaucoup de temps en avion?

4. Les ordinateurs ___feront___ tous les travaux difficiles.

5. Je ne ___payerai___ plus ce que j'achèterai.

6. La terre ___ressemblera___ à un grand jardin où tout le monde ___pourra___ être heureux.

**5 a** Qu'est-ce que Marina, Kathi et Jérôme feront plus tard? Imagine des questions sur leur avenir. Utilise des expressions de temps et le futur simple. ▶ Repères, p. 58/2   Beispiellösung auf der CD-Extra

voir   être heureux   choisir
travailler   partager
habiter   faire   avenir

Où?   Quand?
Avec qui?   Pourquoi?
Qu'est-ce que?   Comment?

**b** Écoute l'interview de Marina, Kathi et Jérôme et compare tes questions de **a** aux questions que tu entends. Corrige si nécessaire.

**c** Marina, Kathi et Jérôme parlent de leur avenir. Écoute l'interview, coche la bonne réponse ou écris l'information demandée.

1. Le texte parle
   **a** ☐ de l'avenir financier des jeunes.
   **b** ☒ de l'avenir professionnel des jeunes.
   **c** ☐ de l'avenir sportif des jeunes.

2. Marina veut avoir le même métier que son père.   ☐ vrai   ☒ faux

3. D'après Marina, le métier d'agriculteur est ___trop difficile___.

4. Marina veut passer ___son/le bac___.

5. Marina adore travailler
   **a** ☒ en plein air.   **b** ☐ dans un bureau.   **c** ☐ dans une ferme.

6. Kathi voudrait devenir prof parce qu' ___elle adore communiquer et veut être en contact avec les jeunes___.

7. Quand elle aura des enfants, Kathi sera femme au foyer.   ☐ vrai   ☒ faux

8. Jérôme voudrait devenir musicien parce que
   **a** ☐ c'est un métier sûr.   **b** ☒ c'est sa passion.   **c** ☐ il aura un bon salaire.

9. Jérôme voudrait faire sa vie avec Kathi.   ☒ vrai   ☐ faux

## 3D

**1** Trouve les formes du verbe *vivre* dans la grille. Note la phrase qui reste et traduis-la.  ▶ Verbes, p. 133

| S | I | V | I | V | E | N | T | N | O | U |
|---|---|---|---|---|---|---|---|---|---|---|
| V | S | V | I | V | O | N | S | V | I | V |
| I | O | N | V | É | C | U | S | H | E | U |
| V | R | E | U | X | N | V | I | S | O | U |
| E | S | V | I | T | I | V | R | O | N |   |
| Z | S | V | I | S | V | I | E | U | X | ! |

SI NOUS VIVONS HEUREUX, NOUS VIVRONS VIEUX !

**2 a** Pour donner des conseils, il te faut des expressions. Retrouve les mots, écris-les avec l'article indéfini si nécessaire. ▶ Liste des mots, p. 154–155

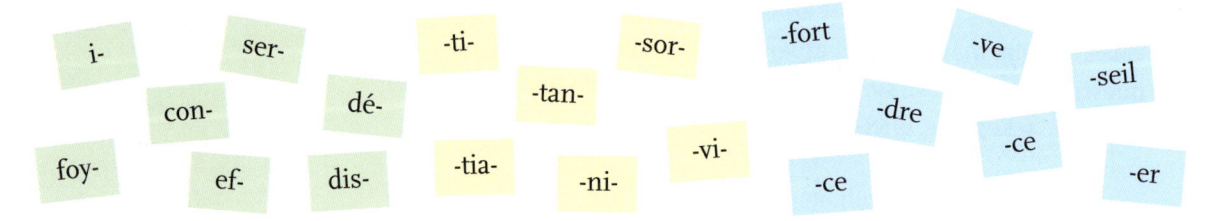

▶ 55|3

i-   ser-   -ti-   -sor-   -fort   -ve   -seil
con-   dé-   -tan-   -dre   -ce
foy-   ef-   dis-   -tia-   -ni-   -vi-   -ce   -er

une initiative, un effort, un foyer, une distance, un conseil, un service, un désordre

**b** Trouve des expressions avec les mots de **a**. Pense au pluriel!

être au foyer , être en désordre

prendre ses distances , prendre des initiatives

suivre un conseil

offrir ses services

faire un effort

**c** Écoute et corrige les expressions de **b** si nécessaire.

Individuelle Lösung

**d** Raconte l'histoire. Utilise les expressions de **2b**. Beispiellösung auf der CD-Extra

**3** Si tu suis ces bons conseils, tout ira bien! Complète les phrases. Utilise le présent et les expressions de **2b**. Attention, il y a plusieurs solutions.
▶ Repères, p. 59/3

1. <u>Si tu offres tes services sur Internet, / Si tu prends des initiatives,</u>
   tu trouveras facilement un job.

2. <u>Si tu fais un effort, / Si tu suis mes conseils, / Si tu prends des initiatives,</u>
   tu réussiras le brevet.

3. <u>Si tu fais un effort, / Si tu suis mes conseils, / Si tu prends des initiatives,</u>
   tu auras de bonnes notes.

4. <u>Si tu prends des initiatives, / Si tu fais un effort,</u>
   tu auras du succès au travail.

5. <u>Si tu prends tes distances,</u>
   tu vivras mieux.

6. <u>Si ta chambre est en désordre,</u>
   tu ne pourras pas sortir ce soir.

7. <u>Si tu deviens homme/femme au foyer, / Si tu prends des initiatives,</u>
   tu ne t'ennuieras jamais.

**4 a** Il y a toujours une solution! Lis le problème de ces jeunes et donne-leur des conseils. Utilise la phrase conditionnelle réelle. ▶ Repères, p. 58/2; p. 59/3; Les mots pour le dire, p. 210/23   Beispiellösung auf der CD-Extra

**1** Je dois préparer un examen mais c'est dur de me concentrer. Qui peut m'aider? *Matéo*

**2** Je suis nouvelle dans mon collège et je n'ai pas d'amis. Vous connaissez cette situation? Aidez-moi. **Delphine**

**3** Je ne me sens pas bien parce que j'ai des kilos en trop. Qu'est-ce que je peux faire? *Didier*

**4** Je ne sais pas quoi faire après le brevet. Comment choisir un métier? *Jenny*

**5** Je n'ai pas le moral parce que je me suis encore disputée avec ma mère. Qui me comprend? *Lisa*

1. Cher Matéo, je te comprends. Tu devrais faire souvent des pauses. Va faire un tour dans ton quartier. Si tu sors de chez toi, tu auras les idées plus claires après!

**b** Trouvez trois autres situations. Échangez-les et répondez aux problèmes en donnant des conseils.
▶ Repères, p. 59/3; Les mots pour le dire, p. 210/23   Individuelle Lösung

# Dossier 3 — Fais le point!

## Vocabulaire

**1** Dans chacune de ces phrases, il y a deux mots de la même famille. Complète.

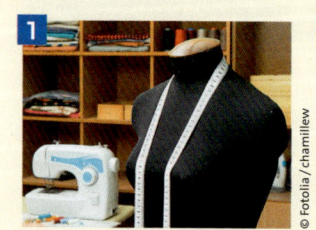

1. Fatma aime *(erschaffen)* cr_____ des vêtements. C'est pourquoi elle cherche un métier cr_____. Elle fera peut-être une formation de *(Stylistin)* sty_____ parce qu'elle connait beaucoup de st_____ différents.

2. Son frère Babou aime la nature et surtout les *(Blumen)* f_____. C'est pourquoi il veut devenir f_____.

3. Qui peut *(beraten)* con_____ ces jeunes? Beaucoup ont besoin d'un bon c_____ pour choisir un métier!

4. Pour réussir dans la vie, il faut avoir des *(Träume)* r_____. Alors moi, je n'arrête pas de r_____!

## La conjonction *comme*

**2** Victor a eu une journée difficile. Raconte-la au passé composé. Utilise *comme*.

1. se lever trop tard / rater / bus
   _____

2. aller en vélo / stade / arriver en retard
   _____

3. ne pas pouvoir jouer / son équipe / perdre
   _____

4. ne pas prendre / petit-déjeuner / s'acheter / boisson
   _____

5. rentrer / plus tôt / maison / regarder / télévision
   _____

### Le futur simple

**3** Il faut savoir attendre! Complète les phrases. Utilise le futur simple.

1. Je ne peux pas te **répondre** maintenant, mais je te _____ demain.

2. Nous ne pouvons pas **venir** tout de suite, mais nous _____ cet après-midi.

3. Aujourd'hui, il ne **fait** pas très beau mais demain il _____ beau.

4. Tu n'as pas **reçu** de réponse à ta candidature? Tu la _____ sûrement demain.

5. Vous n'avez pas **fini** votre rapport de stage? Vous le _____ plus tard.

### La phrase conditionnelle réelle avec *si*

**4** Malika veut devenir prof de sport. Son frère lui donne des conseils. Écris les phrases.

1. s'entraîner tous les jours / avoir de bons résultats.
2. (trouver) une amie sportive comme toi / (pouvoir) s'entraîner ensemble.
3. (organiser) bien ta journée, (aller) loin.
4. (vouloir) / (venir) avec toi le jour du concours.
5. (réussir) le concours / (être) tous fiers de toi.

### Les verbes *vivre*, *suivre* et *poursuivre*

**5** Le pâtissier David Capy a réussi. Complète son parcours avec les formes des verbes *suivre*, *poursuivre* et *vivre*.

David Capy a eu une vie très intéressante. Quand il était jeune, son prof lui a dit: «_____ mon conseil et _____ ta formation!». Alors, après son brevet, David _____ des cours. Il _____ même _____ à l'étranger. Aujourd'hui, il _____ à Bordeaux et il _____ son rêve d'enfant: inventer des recettes de gâteaux. Est-ce que ses enfants _____ son exemple plus tard?

### Qu'est-ce qu'on dit?

**6** Relie.

| | | |
|---|---|---|
| Si on continue à vivre comme aujourd'hui, | **1** | **a** tu devrais faire des stages. |
| Si tu fais des efforts en maths, | **2** | **b** je voudrais devenir ingénieur. |
| Comme il n'y aura plus de pétrole dans cent ans, | **3** | **c** tu réussiras ton interro! |
| Tu pourrais trouver un métier | **4** | **d** je crois que le climat va changer. |
| Comme j'aime la technique, | **5** | **e** les voitures marcheront à l'électricité. |
| Pour trouver une formation qui te plaît, | **6** | **f** dans le domaine social. |

# Dossier 4 — Ensemble, c'est tout

## Approches

**1 a** Aïda présente ses trois familles. Choisis d'abord le bon verbe puis complète au présent.

D'abord, il y a mes parents, mes sœurs et mon chien Boule! Il y a aussi ma grand-mère: ma mère __s'occupe d'__ (aller / (s'occuper de/d')) elle depuis la mort de mon grand-père. On se voit surtout à l'heure des repas. Les enfants __aident__ (préparer / (aider)) les parents pour le dîner et on __raconte__ ((raconter) / dire) notre journée. Mes parent me __connaissent__ ((connaître) / savoir) bien, on __se ressemble__ (imiter / (se ressembler)) pas mal! Ensuite, il y a ma bande de potes que je __retrouve__ ((retrouver) / partager) au collège ou au club de sport. Dans ma bande, on __s'entend__ (voir / (s'entendre)) bien et j'__ai confiance en__ (avoir de la chance / (avoir confiance en)) eux. Et puis, il y a ma famille du web. L'année dernière, j'__ai rencontré__ ((rencontrer) / compter sur) ces gens sur les réseaux sociaux parce qu'on __partage__ (penser / (partager)) la même passion pour Daft Punk. Alors on __chatte__ (faire / (chatter)) ensemble pendant des heures!

**b** Qu'est-ce que tu apprends sur Aïda? Résume en cinq phrases. ▶ Méthodes, p. 125/26  *Beispiellösung auf der CD-Extra*

**c** Réponds à Aïda et présente lui ta famille. Qu'est-ce qui est pareil/différent chez toi?
▶ Les mots pour le dire, p. 207/12  *Beispiellösung auf der CD-Extra*

**2** Chloé et Charles parlent de leurs familles. Retrouve les cinq mini-dialogues.
▶ Liste de vocabulaire, p. 156–157

[2] – Ah bon! Tu m'as dit que vous vous adorez!

[5] – Comme on est nombreux, on n'est jamais seul.

[4] – Bien sûr, il fait partie de la famille!

[3] – Et entre potes, c'est un peu pareil, non?

[1] – Oui, deux fils. Ce sont mes demi-frères.

1. – Elle a des enfants, la nouvelle femme de ton père?
2. – On s'est encore disputées avec ma sœur!
3. – Les relations familiales, ce n'est pas toujours facile.
4. – Vous emmenez votre chien en vacances?
5. – Quels sont les avantages d'une grande famille?

**3 a** Révise les formes du verbe *se battre*! ▶ Verbes, p. 131

**b** Écoute et note les phrases que tu entends. Puis traduis-les en allemand. *Beispiellösung auf der CD-Extra*

## 4A

**1** Romain, Yanis, Anouk et Jade parlent des tâches ménagères. Lis le texte, p. 74 et coche.

|  | Romain | Yanis | Anouk | Jade |
|---|---|---|---|---|
| Il/elle n'a pas d'argent à lui/elle pour s'acheter ce qu'il/elle veut. | X |  |  |  |
| Quand il/elle travaille bien à l'école, il/elle gagne de l'argent |  |  | X |  |
| Il/elle ne dépense pas d'argent pour téléphoner ou pour s'habiller. | X |  | X |  |
| Il/elle ne nettoie pas l'appartement. Mais laver le linge, c'est son truc! |  | X |  |  |
| Il/elle ne s'entend pas très bien avec sa belle-mère. |  |  |  | X |
| Il/elle gagne de l'argent pour ses voyages avec un petit job agréable. |  |  | X |  |

**2 a** On a toujours plein de choses à faire. Retrouve les expressions pour en parler. *Beispiellösung auf der CD-Extra*

économiser  descendre  sortir  se battre  nettoyer  faire  mettre  jeter  être

avec son frère   dans la rue   pour être le premier   du troisième étage   ensemble   le chien   la salle de bains   la table   le ménage   les poubelles *f.*   les assiettes *f.*   dans le lave-vaisselle   à la poubelle   partie de la famille   seul/e   pendant la récré   des petits boulots   pour l'indépendance *f.*   son argent   pour son forfait   responsable *m.*

**b** Et toi? Qu'est-ce que tu fais à la maison? Écris au moins cinq phrases avec les expressions de **a**.
*Beispiellösung auf der CD-Extra*

**3 a** Anaïs se dispute souvent avec son père. Relie d'abord chaque phrase à sa fonction. Puis écris le dialogue dans ton cahier. Il y a plusieurs solutions. ▶ Méthode, p. 113

Anliegen/Problem äußern **1**
Zustimmen/Ablehnen **2**
Einen Vorschlag/Gegenvorschlag machen **3**
Abwägen/Einlenken **4**
Sich einigen **5**

**a** Tu pourrais aller mercredi chez Mamie. C'est le jour où ça pose le moins de problèmes.
**b** Je ne sais pas, je dois y réfléchir.
**c** Je voudrais aller passer le week-end chez Jules.
**d** D'accord, on peut faire comme ça.
**e** Le problème, c'est que ta grand-mère vient nous voir ce week-end!
**f** D'un côté, tu me dis de sortir plus souvent et de l'autre, tu ne me laisses pas voir mes potes quand je veux!

1 → c/f
2 → b/e
3 → a
4 → f
5 → d

**b** Cette fois encore, Anaïs et son père ne sont pas d'accord. Complète le dialogue avec les expressions de **a**.

Anaïs: ___Je voudrais___ sortir au cinéma avec mes copains ce soir.

Le père d'Anaïs: ___Le problème, c'est que___ tu as une interro demain.

Anaïs: ___D'un côté___, tu me dis de rester le moins de temps possible devant mon ordinateur et ___de l'autre___, tu ne me laisses pas sortir!

Le père d'Anaïs: ___Tu pourrais___ aller au cinéma en début d'après-midi et rentrer tôt.

Anaïs: ___Je ne sais pas___, c'est pas cool … Bon, ___d'accord___, j'appelle les potes pour organiser ça.

**c** Écoute le dialogue et corrige si nécessaire. *Individuelle Lösung*

## 4B

**1 a** Voici la rue où Viedechien veut faire son pochoir. Lis le texte B, p. 76 dans ton livre. Fais une croix (x) à l'endroit où Viedechien veut faire son pochoir.

**b** Le père de Viedechien raconte ce qui s'est passé à un ami. Écris le dialogue. ▶ Texte B, p. 76
*Beispiellösung auf der CD-Extra*

**2 a** Trouve les expressions qui expriment un souhait (Wunsch) ou une nécessité (Notwendigkeit) et fais une croix (x). ▶ Repères, p. 84/3

- [X] Je ne voudrais pas que
- [ ] Je dis que
- [X] Je ne veux pas que
- [X] Je veux que
- [ ] Je sais que
- [X] Je voudrais que
- [X] Il faut que
- [ ] Je crois que
- [X] J'aimerais que
- [ ] Il pense que
- [X] Il ne faut pas que
- [X] Je n'aimerais pas que
- [ ] Il trouve que

**b** Après les expressions de **a** qui expriment un souhait (Wunsch) ou une nécessité (Notwendigkeit), on utilise toujours le subjonctif. Relie pour faire des phrases. ▶ Repères, p. 84/3

1. Je dis qu' — elle a des idées noires.
2. Je ne voudrais pas qu' — elle ait des idées noires.
3. Je pense qu' — il est gentil.
4. Je voudrais qu' — il soit gentil.
5. Je crois que — tu fais bien ton travail!
6. J'aimerais que — tu fasses bien ton travail.
7. Il faut que — tu prennes l'avion.
8. Je sais que — tu prends l'avion.
9. Je ne dis pas qu' — il va chez Julie.
10. Je ne veux pas qu' — il aille chez Julie.
11. J'aimerais que — tu sois fier de moi.
12. Je pense que — tu es fier de moi.

**3** Retrouve l'infinitif des verbes au subjonctif. Puis écris une phrase avec chaque verbe. Tu peux utiliser les débuts de phrases de **2b**. ▶ Repères, p. 84/3; Verbes, p. 131–133

1. <u>aller</u> — que j'aille — <u>Il faut que j'y aille.</u>
2. <u>avoir</u> — qu'il ait — <u>Il faut qu'il ait une bonne note.</u>
3. <u>être</u> — que tu sois — <u>Je voudrais que tu sois à l'heure.</u>
4. <u>faire</u> — qu'elle fasse — <u>J'aimerais qu'elle fasse plus de sport.</u>
5. <u>préparer</u> — que je prépare — <u>Il ne veut pas que je prépare le repas.</u>
6. <u>prendre</u> — que je prenne — <u>Elle veut que je prenne le train.</u>
7. <u>surveiller</u> — que tu surveilles — <u>Il faut que tu surveilles ton chien.</u>

**4 a** Léo et ses copains veulent organiser une fête ce week-end mais ce n'est pas si facile! Complète les dialogues avec les formes des verbes au subjonctif. ▶ Repères, p. 84/3, Verbes, p. 130–133

**1 Chez Léo**

**a** Alors, pour la fête avec les copains? C'est d'accord?

**b** Ah, non! Pas chez nous! Je ne veux pas qu'on __ait__ (avoir) des problèmes avec les voisins.

**2**

**c** Ma mère ne veut pas qu'on __fasse__ (faire) la fête chez nous.

**d** Zut! Alors, il faut qu'on __trouve__ (trouver) un autre endroit.

**3**

**e** Pourquoi pas chez Lydie? Mais il faut que sa mère __soit__ (être) d'accord!

**4**

**f** Ça marche! Mais je ne veux pas que ça __prenne__ (prendre) trop de temps pour tout préparer.

**5**

**g** Je viens vers 21 heures. Avant, il faut que j'__aille__ (aller) à l'entraînement.

**h** Dommage!

**6**

**i** Je voudrais que ça __continue__ (continuer) toute la vie!

**b** Lis le roman-photo de **a** et réponds.
Beispiellösung auf der CD-Extra

1. Qu'est-ce que Léo et ses copains veulent faire?
2. Chez qui est-ce que les copains vont se retrouver?
3. Pourquoi est-ce que Léo va arriver en retard?

**5** Lis le message que Derya a posté dans un forum (▶ Livre, p. 77/3). Édouard lui répond et lui donne des conseils. Complète son texte. ▶ Expression écrite, p. 124/I.

**Salut!**

J'ai lu ton message sur le forum et __je suis du même avis que toi__ (ich teile deine Meinung). __D'un côté__ (Einerseits), je dois dire que __je te comprends__ (ich verstehe dich): c'est dur cette histoire! __De l'autre__ (Andererseits) ta mère et toi, vous ne
5 pouvez pas rester comme ça parce que la vie va devenir horrible à la maison. Il y a un an, __j'ai fait la même expérience que toi__ (ich habe die gleiche Erfahrung wie du gemacht): je me suis disputé avec mes parents parce qu'ils voulaient tout contrôler. Un jour, quelqu'un a piraté mes photos sur Internet. C'était horrible mais mes parents m'ont aidé à trouver une solution. Alors maintenant, __j'ai confiance en eux__ (ich vertraue ihnen). __Il faut que__
10 (Du musst ❗) tu reparles à ta mère. __Est-ce que tu as essayé de lui expliquer ton avis__ (Hast du versucht, ihr deine Meinung zu erläutern)? Allez, __il ne faut pas / tu ne dois pas baisser les bras__ (du darfst den Kopf nicht hängen lassen)!

**À plus! Édouard**

# 4C

**1 a** On admire tous quelqu'un. Écoute les témoignages et coche la bonne réponse.
▶ Texte C, p. 78

|  | Vrai | Faux |
|---|---|---|
| 1. Kahled admire Lamine qui est son prof de sport au collège. | ☐ | ☒ |
| 2. Kahled et Lamine viennent tous les deux du Sénégal. | ☐ | ☒ |
| 3. Magalie admire son cousin Julien qui a 30 ans. | ☒ | ☐ |
| 4. Julien a fait le tour du monde à vélo. | ☐ | ☒ |
| 5. Maintenant Julien organise des voyages en Tunisie et au Maroc. | ☐ | ☒ |
| 6. Corentin admire Nathalie qui est une amie de sa grand-mère. | ☐ | ☒ |
| 7. Liane admire Madame Ahmed qui habite aussi à Marseille. | ☒ | ☐ |
| 8. Madame Ahmed est géniale parce qu'elle invente plein d'objets nouveaux. | ☐ | ☒ |

**b** Écoute encore une fois et corrige les phrases qui sont fausses.

1. Lamine est entraîneur de foot.

2. Kahled vient de Tunisie.

4. Julien est allé jusqu'en Tunisie.

5. Maintenant il écrit des livres de voyages.

6. Nathalie s'occupait de sa grand-mère à l'hôpital.

8. Elle sait réparer tous les objets.

**2 a** Il y a beaucoup de raison d'admirer les autres. Amira a fait une liste. Retrouve et écris les phrases.

1. J'ai beaucoup de respect pour ma mère aux / toujours / autres. / pense / qu' / parce / elle

   parce qu'elle pense toujours aux autres.

2. Ridan s'est battu et il a gagné! je / est / C' / admire. / l' / pourquoi.

   C'est pourquoi je l'admire.

3. J'admire mon pote Christophe il / parce / content. / air / qu' / toujours / a / l'

   parce qu'il a toujours l'air content.

4. Le médiateur de notre collège sait écouter compte! / c' / qui / ça / est / et

   et c'est ça qui compte!

5. Mes voisins ont fait le tour du monde. voudrais / comme / faire / eux! / je / Plus tard,

   Plus tard, je voudrais faire comme eux!

6. Je trouve ça courageux pour / les / vie / on / autres. / sa / risque / quand

   quand on risque sa vie pour les autres.

**b** Traduis les phrases de **a** dans ton cahier.  Beispiellösung auf der CD-Extra

**3** Cyrano est amoureux de Roxane. Regarde les dessins, trouve les erreurs dans les phrases et corrige-les. Utilise *c'est … qui / ce sont … qui*. ▶ Repères, p. 85/4,

1. C'est Yvon qui joue le rôle de Cyrano. → Non, c'est Alex qui joue le rôle de Cyrano.

2. C'est Mona qui joue le rôle de Roxane. → Non, c'est Lena qui joue le rôle de Roxane.

3. C'est Alex qui veut aider Cyrano. → Non, c'est Yvon qui veut aider Cyrano.

4. C'est Lena qui se maquille. → Non, c'est Mona qui se maquille.

5. Ce sont Chris et Alwin qui écrivent les invitations. → Non, ce sont Arthur et Greta qui écrivent les invitations.

6. Ce sont Arthur et Greta qui quittent la scène. → Non, ce sont Chris et Alwin qui quittent la scène.

**4** A admire la chanteuse ZAZ et en parle à sa grand-mère (B) qui n'entend pas bien. A doit tout répéter. Faites les dialogues. Utilisez *c'est / ce sont … que …* et *c'est / ce sont … qui*. Puis échangez vos rôles.
▶ Repères, p. 85/4   Beispiellösung auf der CD-Extra

1. J'admire ZAZ.
2. Elle a toujours voulu devenir chanteuse!
3. Elle a commencé à chanter dans les rues.
4. J'adore sa voix!
5. Ses textes décrivent la vie comme elle est.
6. Son nouveau CD vient de sortir.

Exemple:
1. **A:** J'admire ZAZ.
   **B:** Pardon? Tu admires Stromae?
   **A:** Non, **c'est** ZAZ **que** j'admire!

1. admirer / Stromae?
2. devenir / actrice?
3. chanter / dans des cafés?
4. adorer / son look?
5. ses livres / décrire
6. son nouveau film / venir de sortir?

**5** Écoute cette émission de radio sur le chanteur Féloche. Quelle est la personne que le chanteur admire le plus? Pourquoi? Réponds.   www.cornelsen.de/francomusiques/1.c2744885.de   Beispiellösung auf der CD-Extra

## 4D

**1 a** Jade adore les flashs mobs. Elle décrit sa vidéo préférée à sa copine. Complète avec les expressions qui conviennent.
▶ Liste des mots, p. 160–161

> commencer à   comme si de rien n'était
> en commun   participant/e
> par cœur   sans rien faire   sortir de   performance

J'adore cette **performance** et je la connais **par cœur**! Ça se passe dans un aéroport. On voit une bouteille vide à côté d'une poubelle. Tout le monde passe à côté de la bouteille **sans rien faire**. Tout à coup, une femme arrive. Elle ramasse la bouteille et la jette dans la poubelle. Alors plein de gens **commencent à** applaudir
5 et à danser! Ils ont tous un truc **en commun**: ils **ont sorti de** leur sac une casquette rouge. Et la femme qui a mis la bouteille à la poubelle? Est-ce que c'était une promeneuse ou **une participante** qui savait ce qui allait se passer mais qui a fait **comme si de rien n'était**?

**b** Écoute et corrige tes solutions de **a**.

**c** Quel dessin correspond au flash mob de **a**? Coche.

**2** Le chef n'est pas content, pourtant tout le monde a fait de son mieux[1]. Complète les phrases. Utilise *le plus* ou *le moins* + adverbe. ▶ Repères, p. 85/5

[1] faire de son mieux
sein Bestes geben

1. **A:** Können Sie nicht schneller arbeiten? *(travailler vite)*

   Est-ce que vous ne pouvez pas travailler plus vite?

   **B:** le / travaille / possible, / On / vite / plus / chef!

   On travaille le plus vite possible, chef!

2. **B:** Können Sie nicht sauberer schreiben? *(écrire proprement)*

   Est-ce que vous ne pouvez pas écrire plus proprement?

   **A:** mieux / J'écris / le / chef! / possible,

   J'écris le mieux possible, chef!

3. **A:** Können Sie nicht normaler mit den Kunden sprechen? *(parler normalement)*

   Est-ce que vous ne pouvez pas parler plus normalement aux clients?

   **B:** leur / normalement / parle / possible / le / Je / plus / chef!

   Je leur parle le plus normalement possible, chef!

4. **B:** Können Sie sich nicht weniger seltsam anziehen? *(s'habiller bizarrement)*

   Est-ce que vous ne pouvez pas vous habiller moins bizarrement?

   **A:** Je / le / moins / m'habille / possible, / bizarrement / chef!

   Je m'habille le moins bizarrement possible, chef!

5. **B:** Können Sie Ihre Frau weniger oft anrufen? *(appeler souvent)*

   Est-ce que vous ne pouvez pas appeler votre femme moins souvent?

   **A:** appelle / moins / l' / possible, / le / Je / souvent / chef!

   Je l'appelle le moins souvent possible, chef!

6. **A:** Können Sie nicht auf weniger gefährliche Weise spionieren? *(espionner dangereusement)*

   Est-ce que vous ne pouvez pas espionner moins dangereusement?

   **B:** moins / espionne / possible, / le / dangereusement / J' / chef!

   J'espionne le moins dangereusement possible, chef!

**b** Imagine d'autres situations et fais trois dialogues comme en a. *Beispiellösung auf der CD-Extra*

**3 a** Vanessa est amoureuse de Yann alors elle exagère tout. Lis ses messages sur le flash mob et complète ses phrases. Utilise le superlatif de l'adverbe. ▶ Repères, p. 85/5 *Beispiellösung auf der CD-Extra*

1. Au début, on a attendu (+ + + / *normalement*) du monde!
2. ♥ C'est Yann qui dansait (+ + + / *bien* ❗)!
3. C'était moi qui applaudissait (+ + + / *plus*)!
4. Je voudrais revoir Yann ♥♥ (+ + + / *vite*) possible.
5. J'aimerais participer à des flashs mob (+ + + / *souvent*) possible, surtout avec lui. 😊

**b** Yann n'aime pas Vanessa. Qu'est-ce qu'il raconte sur le flash mob? Écris son texte. *Beispiellösung auf der CD-Extra*

d'abord   ensuite   tout à coup   après   à la fin   c'est / ce sont … qui / que   le plus   le moins

# Dossier 4 — Fais le point!

## Vocabulaire

**1** Trouve des paires de synonymes ou de contraires et recopie-les dans le tableau.

> car   courageux/-euse   dépenser   durer   économiser   ensemble   être responsable de
> espionner   finir   lâche   parce que   se battre   se disputer   seul/e   s'occuper de   surveiller

| Paires de synonymes = | Paires de contraires ≠ |
|---|---|
| _____ = surveiller | _____ ≠ _____ |
| _____ = se disputer | _____ ≠ _____ |
| _____ = _____ | _____ ≠ _____ |
| _____ = _____ | _____ ≠ _____ |

## Le superlatif de quantités

**2** Stéphane présente ses potes. Regarde les dessins et complète avec *le plus de* et *le moins de*. Puis note le nom de chacun.

Voici mes potes. Marius a _____ argent de poche mais il a _____ fringues de marque parce que sa grand-mère lui en offre souvent. Isabelle a _____ portables mais elle a _____ temps parce qu'elle chatte tout le temps. C'est Djibril qui a _____ trucs pour faire du sport. Et moi, j'ai _____ jeux vidéo mais _____ livres de toute la bande.

## Le subjonctif

**3** Luc et Valy vivent des aventures incroyables. Complète les phrases avec les verbes au subjonctif.

1. Il faut que tu / être courageux.   → _____

2. Je ne veux pas que tu / y aller / sans moi.   → _____

3. Il ne faut pas que tu / avoir peur. → _____

4. Il ne faut pas que je / faire / bruit. → _____

5. Je voudrais que/qu' on / prendre / chemin. → _____

### La mise en relief

**4** Les Durand espionnent leurs nouveaux voisins. Complète les phrases. Utilise la mise en relief.

1. Ils rangent leurs vélos <u>devant notre maison</u>!

→ _____

2. Leurs enfants ont fait <u>un graffiti</u> sur notre voiture!

→ _____

3. <u>Leur chien</u> joue avec notre poubelle!

→ _____

4. Le fils du voisin sort <u>avec notre fille</u>!

→ _____

### Le superlatif des adverbes

**5** Magnus est le meilleur! Compare les trois copains. Utilise le comparatif et le superlatif des adverbes. Écris dans ton cahier.

1. dépenser argent + + + *intelligent*
2. travailler – – – *dur*
3. rigoler + + + *souvent*
4. s'habiller – – – *triste*
5. s'organiser + + + *bien*

Timo
Paul
Magnus

> 1. Timo dépense son argent plus intelligemment que Paul. Mais c'est Magnus qui le dépense le plus intelligemment.

### Qu'est-ce qu'on dit?

**6** Elsa admire sa grand-mère. Elle la présente. Fais les phrases.

C'est une personne **1**            **a** pour réaliser ses rêves.
Elle a surmonté **2**                **b** que j'admire.
Au début, elle a fait **3**          **c** le ménage dans une famille riche.
Puis elle est partie **4**           **d** d'exemple.
Quand elle est revenue, elle a décidé **5**   **e** aider des gens en Afrique.
Elle a travaillé dur **6**           **f** tous ses problèmes.
Alors elle me sert **7**             **g** de devenir médecin.

# Dossier 5 — La France, l'Allemagne et l'Europe

## Approches

**1** Fais le quiz des relations franco-allemandes. Lis les textes p. 90–91 et réponds aux questions.
▶ Livre, p. 90–91, ▶ Hintere Umschlagseite

1. Les Huguenots sont venus en Allemagne parce que/qu'
   a ☐ ils n'avaient pas de travail en France.
   b ☐ ils voulaient découvrir un autre pays.
   c ☒ on les persécutait en France.

2. Voltaire est
   a ☐ un roi de France qui était l'ami d'un roi de Prusse.
   b ☒ un philosophe français qui a vécu trois ans en Prusse.
   c ☐ le plus grand ennemi de Frédéric II.

3. La Grande Guerre, c'est un autre nom pour
   a ☐ la guerre franco-allemande.
   b ☒ la Première Guerre mondiale.
   c ☐ la Seconde Guerre mondiale.

4. Pendant la Seconde Guerre mondiale,
   a ☐ l'armée allemande n'a pas pu entrer dans Paris.
   b ☒ l'armée allemande est restée trois ans en France.
   c ☐ l'armée allemande a occupé la France jusqu'en 1941.

5. L'OFAJ offre aux jeunes français des programmes pour
   a ☒ trouver un correspondant allemand.
   b ☐ demander la double nationalité.
   c ☐ faire des voyages moins chers.

6. En Europe, il y a d'abord eu
   a ☒ des échanges entre les jeunes.
   b ☐ le Parlement Européen des Jeunes.
   c ☐ l'Union Européenne.

**2 a** Fais d'abord des recherches sur ces personnalités célèbres de l'histoire européenne. Note leurs noms avec la lettre correspondante dans ton cahier. ▶ Petit dictionnaire de civilisation, p. 127

> Konrad Adenauer (1876–1967)   Voltaire (1694–1778)   Napoléon (1769–1821)
> Heinrich Heine (1797–1856)   Charles de Gaulle (1890–1970)

a **2**   b **3**   c **1**   d ☐   e ☐

**b** Ces personnalités se présentent. Écoute et note, pour chaque portrait de **a**, le bon numéro. Attention, il y a deux photos en trop !

**3 a** Arthur fait un exposé sur l'empereur Charlemagne. Complète avec les mots qui conviennent. N'oublie pas de conjuguer les verbes. ▶ Verbes, p. 130–133

> différente/e   à l'époque f.   appeler   armées f. pl.   aujourd'hui   vivre   en
> célèbre   devenir   guerres f. pl.   inventer   être mort   occuper   roi   siècle m.

Charlemagne, qu'on ___appelle___ en Allemagne « Karl der Große » est une personne très

___célèbre___ de l'histoire de France et même de l'Europe. Il a ___vécu___ au VIIIème __siècle__. __À l'époque__, la France était __différente__ de la France qu'on connaît aujourd'hui et ses habitants s'appelaient les «Francs». __En__ 768, Charlemagne devient __roi__ des Francs. Avec ses __armées__, Charlemagne a fait beaucoup de __guerres__ en Europe. Il a __occupé__ plusieurs pays européens. En l'an 800, il est __devenu__ empereur d'Occident[1]. Charlemagne savait lire et il voulait que les enfants apprennent à lire. On dit qu'il a __inventé__ l'école. Il __est mort__ le 28 janvier 814 à Aix-la-Chapelle. __Aujourd'hui__, il existe un prix[2] Charlemagne que reçoivent les personnes qui s'engagent pour l'Europe.

1 l'occident Westen   2 le prix Preis

**b** Écoute et corrige ton texte de **a**, si nécessaire.

**4 a** Lis cet article sur ce groupe de rap franco-allemand puis complète la fiche d'identité dans ton cahier.
▶ Méthode, p. 120/19   Beispiellösung auf der CD-Extra

## Zweierpasch 2 VOIX / 2 LANGUES

Développer le rap franco-allemand, voilà le projet du groupe Zweierpasch / Double deux. Deux semaines avant les élections européennes, les frères Neumann sortent un nouvel album pour l'amitié et la coopération entre les peuples.

Till et Félix Neumann, 30 ans, ont grandi dans le village de Sennfeld à quelques kilomètres de la frontière française dans le Bade-Wurtemberg. Till profite de cette situation pour décrocher un diplôme de journalisme à Strasbourg, pendant que Félix poursuit un master en sciences sociales à l'université de Fribourg-en-Brisgau. Amateurs de Hip Hop et de rap, les frères fondent le groupe Zweierpasch. Le concept: poser des textes français et allemands sur des beats jazzy, funky en incluant des éléments du reggae. En septembre 2011, le morceau Frontalier/Grenzgänger s'impose comme l'hymne du rap franco-allemand. Le titre débute notamment avec un extrait du discours de Charles de Gaulle sur le Traité de l'Élysée. En août 2013, l'album Toutes les bonnes choses arrivent par deux est dans les bacs. Consécration[1]: pour les 50 ans du traité, les frères Neumann sont invités au Château Bellevue et se produisent devant le président fédéral Joachim Gauck.

Zweierpasch est de retour. L'album Mon Chemin et le titre Friedenstauben (Colombes de la Paix) vantent le projet européen. L'objectif: condamner[2] le racisme, les populismes de droite et appeler à la coopération entre les États et les peuples du Vieux Continent.

© http://www.lagazettedeberlin.com/7171/zweierpasch-2-voix-2-langues

1 la consécration Anerkennung   2 condamner verurteilen

Nom du groupe en allemand:
Nom du groupe en français:
Nom des deux chanteurs:
Relation entre les deux chanteurs:

Style de musique:
Langue(s) utilisée(s):
Thème(s) préféré(s):
Date et lieu du concert le plus célèbre:

**b** Dein Vater möchte wissen, warum man von Charles de Gaulle in einem Artikel über diese Rap-Gruppe spricht. Du erklärst es ihm.   ▶ Méthodes, p. 126/27   Beispiellösung auf der CD-Extra

## 5A

**1** Est-ce que tu comprends ce que ton/ta corres dit à ses copains? Relie. ▶ Les mots pour le dire, p. 213/32

| Français standard | | Français familier | |
|---|---|---|---|
| On m'a raconté un truc de fou. | 1 | a Ça n'en finit plus! | 1 → b |
| J'ai très mal à la tête et je ne peux pas continuer à travailler. | 2 | b C'est hallucinant! | 2 → f |
| Hier, j'ai rencontré quelqu'un que je ne pensais pas voir! | 3 | c Excuse-moi, pour moi, c'est du charabia! | 3 → d |
| Tu m'énerves! | 4 | d Je suis tombé sur Luc! | 4 → e |
| Je fais mes devoirs depuis trois heures et je n'ai même pas fini la moitié! | 5 | e Tu me soûles! | 5 → a |
| Je ne comprends pas ce que tu me dis. | 6 | f Je n'en peux plus! | 6 → c |

**2** Voici le message d'Abel que tu as trouvé dans un forum sur Internet. Lis-le et réponds-lui. Donne-lui des conseils. ▶ Méthodes, p. 124 / Fiche I

> Je n'en peux plus! La corres de ma sœur me suit partout et je ne sais pas comment lui dire que ça me soûle! Vous avez une idée pour qu'elle me lâche? **Abel**

[Einleitung und Reaktion] Salut, Abel!
Je comprends ton problème parce que c'est toujours comme ça quand on rencontre des personnes qui nous plaisent. On ne veut pas les quitter une minute.

[Meinung] D'un côté, ce n'est pas drôle quand la personne qui te colle n'est pas cool. De l'autre, la corres de ta sœur t'aime bien et ça, ça te fait plaisir, non?

[Persönliche Erfahrung] Moi, j'ai eu le même problème que toi l'année dernière avec la meilleure copine de ma sœur. Elle était tombée amoureuse de moi et n'arrêtait pas de m'envoyer des textos! L'horreur! Alors, j'ai parlé à ma sœur de mon problème. Elle a expliqué à sa copine que ça me soûlait et depuis tout va bien.

[Rat] Est-ce que tu as déjà demandé à ta sœur de t'aider? Elle connaît bien sa corres et peut essayer de lui parler. Entre filles, c'est parfois plus facile. J'espère que vous allez devenir les meilleurs potes du monde!

[Verabschiedung] Salut, Naima

**3 a** D'abord les bonbons et après le cinéma? Lis les phrases et souligne ce qui s'est passé d'abord. ▶ Repères, p. 99/1

1. Quand j'ai ouvert mon sachet de bonbons, <u>le film avait déjà commencé</u>.
2. Quand le film a commencé, <u>j'avais déjà mangé tous mes bonbons</u>.
3. <u>Océane avait raté son test</u> et elle était triste.
4. <u>Océane était triste</u>. Alors, elle a raté son test.
5. Quand je suis arrivé au café, mes potes partaient. (Gleichzeitig)
6. Quand je suis arrivé au café, <u>mes potes étaient partis</u>.
7. Quand Luc a découvert la boulangerie, <u>il avait déjà dépensé tout son argent</u>.
8. <u>Luc a découvert la boulangerie</u> et il y a dépensé tout son argent.

**b** Note pour chaque image le numéro de la phrase de **a** qui correspond.

| 7 a | 3 b | 5 c | 1 d |
| 4 e | 6 f | 2 g | 8 h |

**4 a** Karim attend son corres depuis une heure! Relie ce qui va ensemble et complète avec l'infinitif des verbes *aller, tenir, venir, se souvenir*. ▶ Verbes, p. 133

durchhalten **1** ——— **a** <u>tenir</u> le coup 1 → a

sich an eine Nummer erinnern **2** **b** <u>aller</u> chercher quelqu'un 2 → e

jemanden abholen **3** **c** <u>se souvenir</u> de l'année dernière 3 → b

mit dem Fahrrad kommen **4** **d** <u>venir</u> en vélo 4 → d

sich an letztes Jahr erinnern **5** **e** <u>se souvenir</u> d'un numéro 5 → c

**b** Révise la conjugaison des verbes de **a**. Puis lis les phrases et complète-les dans ton cahier. ▶ Verbes, p. 133

Beispiellösung auf der CD-Extra

1. Mon corres voulait m'appeler mais *(er hat sich nicht an meine Nummer erinnert)*.
2. J'attends depuis une heure mais *(er ist noch nicht gekommen um mich abzuholen)*.
3. *(Ich hoffe, dass er nicht mit dem Fahrrad kommt)* parce que ma valise est drôlement lourde!
4. *(Ich erinnere mich noch an letztes Jahr)* quand il a oublié qu'on avait rendez-vous.
5. Il fait froid mais *(ich halte es bis 18 Uhr durch)*.

**5** Ton/Ta corres français/e demande un truc bizarre. Complète le dialogue pour expliquer le malentendu. ▶ Livre, p. 97/15; Les mots pour le dire, p. 213/32

▶ 97|15

> autre chose   le bon mot   par exemple   décrire
> c'est un truc qui ressemble à   tu veux dire
> un truc pour   comment est-ce que tu dis   ça veut dire

**Ton corres:** Ich brauche einen Kompass für meine Mathe-Arbeit.

**Toi:** «Kompass»? Tu es sûr que c'est <u>le bon mot</u>? Parce que «Kompass», c'est <u>un truc</u> pour trouver son chemin quand on marche en montagne, <u>par exemple</u>.

**Ton corres:** Ah! Non, je veux dire <u>autre chose</u>, je voudrais un truc pour dessiner!

**Toi:** Ah, <u>tu veux dire</u> «ein Zirkel»! Tiens, voilà. Mais <u>comment est-ce que tu dis</u> «Zirkel» en français?

**Ton corres:** «Zirkel», en français, <u>ça veut dire</u> «compas». Et qu'est-ce que c'est «Kompass»? Tu peux <u>décrire</u> ce truc encore une fois?

**Toi:** Un «Kompass», <u>c'est un truc qui ressemble à</u> une montre et qui donne la bonne direction.

**Ton corres:** Ah! Alors, c'est une boussole!

# Dossier 5 — Fais le point!

## Vocabulaire

**1** Qu'est-ce qui va ensemble? Fais des paires de contraires.

> 1 au bout d'un moment   2 être mort/e
> 3 hésiter   4 ne pas faire grand-chose
> 5 Je tiens le coup!   6 se cacher
> 7 être dégoûté/e   8 pleurer   9 être mal à l'aise

> a se montrer   b se sentir bien
> c être né/e   d tout de suite   e être sûr/e
> f trouver formidable   g rigoler
> h travailler beaucoup   i Je n'en peux plus!

## Le plus-que-parfait

**2 a** Chloé est rentrée d'Allemagne. Complète les phrases avec les participes passés qui manquent.

1. Chloé n'avait pas _____ son maillot de bain quand ils sont _____ à la plage. *(prendre / partir)*

2. Le soir, Till et sa sœur n'avaient pas _____ de manger quand ils ont _____ la table. *(finir / quitter)*

3. Chloé est _____ seule à la maison parce que sa corres était _____ au club de foot. *(rester / partir)*

4. Maja a _____ activement au cours d'histoire parce qu'elle avait déjà _____ un exposé sur ce thème. *(participer / faire)*

5. Chloé avait _____ beaucoup de progrès en allemand quand elle est _____ en France. *(faire / revenir)*

**b** Surligne dans chaque phrase de **a** l'action qui s'est passée d'abord.

## Qu'est-ce qu'on dit?

**3** Relie, puis complète les phrases pour expliquer un malentendu.

| | |
|---|---|
| Wie sagt man „Schlagzeug" auf französisch? **1** | **a** Tu veux _____ «un comprimé», pas «une tablette». |
| Es handelt sich um eine Sache, die man zum Kochen braucht. **2** | **b** _____ est-ce qu'on dit «Schlagzeug» en français? |
| Du meinst „Tablette", nicht „Schokoladentafel". **3** | **c** Il _____ d'une chose qu'on utilise pour faire la cuisine. |
| Das ist etwas, was man in der Schule benutzt. **4** | **d** «Glas» ne _____ pas dire «glace» _____ «verre». |
| Das sieht wie eine Tasche aus aber es ist kleiner. **5** | **e** Ça _____ à un sac mais c'est plus petit. |
| „Glas" bedeutet nicht „glace" sondern „verre". **6** | **f** C'est quelque chose qu'on _____ à l'école. |

### Situation 1

Vous avez offert à votre ami/e un CD pour son anniversaire. Malheureusement, il/elle l'a déjà. Vous retournez à la Fnac pour l'échanger. Discutez avec le vendeur / la vendeuse pour trouver une solution. B joue le rôle du vendeur / de la vendeuse.

### Situation 2

Vous voulez participer à l'atelier théâtre du collège. Vous essayez de convaincre votre corres de s'inscrire avec vous. Malheureusement, il/elle a peur de jouer devant un public. Vous essayez de le/la convaincre de s'inscrire aussi. B joue le rôle de votre corres.

### Situation 3

Vous avez participé à un cours de langue en France. À la fin du séjour, vous discutez avec votre professeur pour savoir comment continuer votre apprentissage du français (préparation d'un diplôme, lecture, émissions en français à la télé). Il/Elle vous donne des conseils. B joue le rôle du professeur.

### Situation 4

Votre corres a gagné un voyage pour deux personnes au Canada. Vous aimeriez qu'il/elle vous invite. Vous lui expliquez pourquoi et vous essayez de le convaincre. B joue le rôle de votre corres.

### Situation 5

Vous êtes invité/e chez un/e ami/e français/e pour fêter son anniversaire. Vous avez préparé un gâteau mais il est resté trop longtemps au four et il a brûlé. Vous racontez comment cela s'est passé et vous essayez de trouver une solution avec la famille de votre corres (faire un nouveau gâteau, acheter un gâteau à la pâtisserie, acheter autre chose). B joue le rôle de la mère / du père de famille.

### Situation 1

**Vous êtes vendeur/vendeuse à la Fnac. Un/e client/e veut échanger un CD qu'il/elle a acheté.**

1. Bonjour. Qu'est-ce que je peux faire pour vous?
2. Pourquoi est-ce que vous ne vous êtes pas renseigné/e avant?
3. Est-ce que vous avez gardé le ticket de caisse?
4. Est-ce que vous voulez acheter autre chose?
5. Qu'est-ce que votre ami/e aime à part la musique?

### Situation 2

**Votre corres vous demande de participer avec lui/elle à l'atelier théâtre du collège. Vous refusez car vous avez peur de jouer devant un public.**

1. Pourquoi est-ce que tu veux faire du théâtre?
2. Ça nous fait rester un après-midi en plus au collège. C'est vraiment ce que tu veux?
3. Est-ce que tu sais déjà qui va participer à cet atelier?
4. Tu ne penses pas que ça va être dur d'apprendre le texte?
5. Est-ce que tu connais le titre du spectacle?

### Situation 3

**Vous êtes professeur de français dans une école de langue en France. À la fin d'un séjour, un/e élève vous demande des conseils pour continuer son apprentissage du français.**

1. Est-ce que vous avez des questions ? Je vous écoute.
2. Avez-vous pensé à passer à un diplôme international comme le DELF, par exemple?
3. Est-ce que vous préférez lire ou regarder la télé?
4. Comment est-ce que vous allez rester en contact avec vos amis français?
5. Est-ce que vous avez réfléchi à d'autres possibilités?

### Situation 4

**Vous avez gagné un voyage pour deux personnes au Canada. Votre corres aimerait que vous l'invitiez et essaye de vous convaincre.**

1. Regarde! J'ai gagné ce voyage au Canada? À qui est-ce que je pourrais demander de venir avec moi?
2. Est-ce que ça te plairait, le Canada?
3. Le voyage aura lieu en octobre. Est-ce que tu auras le temps?
4. Est-ce que tu auras assez d'argent pour le séjour?
5. Qu'est-ce que tu pourrais faire pour gagner de l'argent?

### Situation 5

**Le/La corres de votre fils/fille est invité/e à l'anniversaire d'un/e ami/e. Malheureusement, le gâteau qu'il/elle a préparé a brûlé. Vous discutez pour trouver une solution.**

1. Qu'est-ce qui se passe? Tu as l'air malheureux/-euse?
2. Comment est-ce que cela s'est passé?
3. Qu'est-ce que tu vas faire maintenant?
4. Tu veux que je te donne un peu d'argent?
5. Qu'est-ce que tu veux lui apporter?

### Situation 6

Vous êtes en vacances à Paris. Dans le métro, on vous a volé votre sac. Vous allez au commissariat pour faire une déclaration de vol. Vous expliquez ce qui s'est passé et essayez de trouver une solution. B joue le rôle du policier / de la policière.

### Situation 7

Vous êtes chez votre corres en France. Ses parents sont très gentils et vous proposent beaucoup d'excursions. Pourtant, vous aimeriez aussi passer du temps avec des jeunes de votre âge. Vous discutez pour trouver une solution. B joue le rôle du père / de la mère de votre corres.

### Situation 8

Vous êtes en échange dans une famille en France. Vous avez lu une annonce qui propose des séjours en Angleterre pour les vacances. Vous avez toujours voulu y aller. Votre corres préfère rester en France ou aller chez vous, en Allemagne. Il/Elle croit qu'il/elle n'est pas assez bon/bonne en anglais. Vous essayez de le/la convaincre. B joue le rôle de votre corres.

### Situation 9

Vous êtes en France chez votre corres depuis une semaine. Un soir, quand vous êtes à table, les parents de votre corres disent que vous allez passer le week-end prochain en montagne avec toute la famille. Vous ne voulez pas y aller parce que vous préférez rester en ville et aller à l'anniversaire d'un copain. Vous discutez et essayez de trouver une solution. B joue le rôle du père / de la mère de votre corres.

### Situation 10

Vous avez acheté à votre corres un CD de rock pour son anniversaire. Le vendeur / La vendeuse vous l'a vendu dans un joli papier. Quand votre corres ouvre le paquet, c'est un CD de musique classique. Vous retournez au magasin, vous vous plaignez et vous essayez de l'échanger. B joue le rôle du vendeur / de la vendeuse.

### Situation 6

Vous êtes policier/policière dans un commissariat. Une personne arrive pour faire une déclaration de vol.

1. Bonjour. Qu'est-ce que je peux faire pour vous?
2. Comment est-ce que cela s'est passé?
3. Où est-ce que cela s'est passé?
4. Qu'est-ce qu'il y avait dans votre sac?
5. Est-ce qu'il y a des témoins[1]?

[1] le/la témoin der Zeuge / die Zeugin

### Situation 7

Le corres de votre fils/fille ne veut pas partir en excursion avec vous. Vous discutez pour trouver une solution.

1. Tu n'as pas le moral. Qu'est-ce que tu as?
2. Qu'est-ce que toi, tu veux faire?
3. Qu'est-ce que tes copains et toi allez faire ensemble?
4. Tu n'as pas envie de découvrir notre région?
5. Est-ce que tu préfères te reposer le week-end?

### Situation 8

Votre corres allemand/e veut aller en Angleterre pendant les vacances et vous propose de l'accompagner. Vous préférez rester en France ou même aller en Allemagne dans sa famille. Discutez.

1. Pourquoi est-ce que tu veux absolument aller en Angleterre?
2. Pourquoi est-ce qu'on ne reste pas en France?
3. Est-ce que tu as oublié que je voulais aller chez toi en Allemagne?
4. Est-ce que tu ne préfères pas qu'on fasse un tour de vélo dans la région?
5. Qu'est-ce que je pourrais faire pour améliorer mon anglais?

### Situation 9

Le/La corres de votre fils/fille en veut pas passer le week-end en montagne avec vous parce qu'il/elle préfère aller à la fête d'anniversaire d'un copain. Vous discutez.

1. Pourquoi est-ce que tu ne veux pas partir avec nous?
2. Est-ce que tu n'aimes pas marcher en montagne?
3. Comment s'appelle le jeune qui fête son anniversaire?
4. Où est-ce que tu vas dormir et manger?
5. Qui est-ce qui va s'occuper de toi, ce week-end?

### Situation 10

Vous travaillez à la Fnac. Un/e client/e veut échanger un CD de musique classique contre un CD de rock.

1. Est-ce que je peux vous aider?
2. Est-ce que vous avez le ticket de caisse?
3. Pourquoi est-ce que vous n'avez pas gardé le bon ticket de caisse?
4. Est-ce que vous voulez choisir un autre CD?
5. Qu'est-ce qui pourrait aussi plaire à votre copain?

### Situation 11

Pendant un séjour en France, vous voulez aller au concert de votre groupe de rock préféré. Vous proposez à votre corres d'y aller avec vous. Il/Elle refuse parce qu'il/elle n'aime pas le rock. Par contre, c'est important pour vous qu'il/elle vous accompagne parce que sinon sa mère ne va pas vous y conduire. Vous expliquez pourquoi c'est important et vous essayez de trouver une solution. B joue le rôle du corres.

### Situation 12

Pendant votre séjour en France, vous voulez aller en ville en rollers. Le père / La mère de votre corres n'est pas d'accord. Il/ Elle dit que c'est trop dangereux. Vous essayez de le/la faire changer d'avis. B joue le rôle du père / de la mère de votre corres.

### Situation 13

Pendant votre séjour en France, vous passez quelques jours dans la classe de votre corres. Un jour, vous êtes malade et vous devez aller à l'infirmerie. Expliquez à l'infirmier / l'infirmière ce qui ne va pas et demandez des conseils. B joue le rôle de l'infirmier / l'infirmière.

### Situation 14

Pendant un échange en France, vous ne vous sentez pas bien dans la famille de votre corres. On ne s'occupe pas assez de vous, les parents de votre corres rentrent tard le soir et personne ne fait la cuisine. Vous en parlez avec un accompagnateur / une accompagnatrice et vous essayez de trouver une solution. B joue le rôle de l'accompagnateur / l'accompagnatrice.

### Situation 15

Vous êtes en France chez votre corres. Un jour, votre corres rentre du collège et n'a pas le moral. Il/Elle a eu une mauvaise note en allemand. Vous le/la calmez, vous lui proposez de l'aider et vous essayez de trouver une solution. Vous parlez aussi d'activités que vous pourriez faire ensemble. B joue le rôle de votre corres.

### Situation 11

Votre corres veut aller à un concert de rock et vous propose de l'accompagner.
Or, vous détestez le rock. Discutez.

1. Pourquoi est-ce que tu veux aller à ce concert?
2. Est-ce qu'on ne pourrait pas choisir un autre concert?
3. Je ne sais pas si ma mère va nous conduire. Est-ce que tu peux le lui demander?
4. Tu pourrais me prêter de l'argent pour le billet d'entrée?
5. Qu'est-ce que je fais si ça ne me plaît pas du tout?

### Situation 12

Le corres de votre fils/fille veut aller en ville en rollers. Vous n'êtes pas d'accord.

1. Pourquoi est-ce que tu veux aller en ville en rollers?
2. Est-ce que tu fais du roller chez toi?
3. Que vont dire tes parents si tu as un accident?
4. Est-ce que tu es sûr de bien connaître le chemin?
5. Pourquoi est-ce que tu ne veux pas qu'on prenne la voiture?

### Situation 13

Vous êtes infirmier/infirmière dans un collège. Un jour, le corres d'un élève du collège vient à l'infirmerie.

1. Qu'est-ce qui ne va pas?
2. Où est-ce que tu as mal?
3. Tu veux que j'appelle les parents de ton corres?
4. Est-ce que tu veux prendre un médicament contre le mal de tête?
5. Jusqu'à quelle heure est-ce que tu cours, aujourd'hui?

### Situation 14

Vous êtes prof et participez à un échange avec votre classe. Un/e élève ne se sent pas bien dans sa famille. Vous discutez.

1. Tu as l'air malheureux. Qu'est-ce qui se passe?
2. Qu'est-ce qui ne te plaît pas dans cette famille?
3. Est-ce que quelqu'un s'occupe de toi tout le temps en Allemagne?
4. Qu'est-ce que tu manges le soir, en Allemagne?
5. Quels plats est-ce que tu sais préparer?

### Situation 15

Vous rentrez du collège et n'avez pas le moral parce que vous avez encore eu une mauvaise note en allemand. Vous en parlez à votre corres allemand qui est en ce moment en échange chez vous.

1. Qu'est-ce que je pourrais faire pour avoir de meilleures notes?
2. Comment est-ce que toi, tu organises ton travail?
3. Est-ce que tu pourrais m'aider pour les devoirs?
4. Tu connais des sites Internet sympa pour réviser?
5. Où est-ce que je pourrais regarder des films en allemand?

## Situation 16

Vous faites un échange dans une famille en France. Vous voudriez faire un petit boulot pour avoir plus d'argent de poche. Les parents de votre corres ne sont pas d'accord. Ils ont peur que vous ne soyez plus assez sérieux au collège. Vous discutez avec eux et vous essayez de trouver une solution. B joue le rôle du père / de la mère de votre corres.

## Situation 17

Avec vos copains, vous voulez organiser une fête surprise pour l'anniversaire de votre corres. Vous en parlez à ses parents et leur demandez la permission. Ils ne sont pas d'accord (trop de bruit, alcool). Vous discutez avec eux et vous essayez de les convaincre. B joue le rôle du père / de la mère de votre corres.

## Situation 18

Votre corres est chez vous en Allemagne. Il/Elle voudrait aller en ville, mais vous ne pouvez pas l'accompagner parce que vous devez finir un exposé. Il/Elle n'est pas content/e. Vous lui expliquez comment il/elle peut aller en ville et vous lui dites ce qu'il/elle peut faire. B joue le rôle de votre corres.

## Situation 19

Pendant les vacances d'été, vous faites un stage dans un hôtel en France. Vous n'êtes pas content/e parce que vous travaillez souvent plus longtemps que prévu et que vous n'avez pas toujours de journée libre dans la semaine. Vous en parlez à votre chef. Vous lui expliquez la situation et vous essayez de trouver une solution. B joue le rôle du chef.

## Situation 20

Vous êtes chez votre corres en France. Il/Elle veut un piercing et vous demande votre avis. Vous êtes contre les piercings. Vous lui expliquez pourquoi et vous essayez de le/la faire changer d'avis. B joue le rôle de votre corres.

### Situation 16

Le/La corres de votre fils/fille veut faire un petit boulot pour gagner de l'argent de poche. Vous n'êtes pas d'accord.

1. Qu'est-ce que tu voudrais faire comme travail?
2. Pourquoi est-ce que tu as besoin de plus d'argent de poche?
3. Est-ce que tu travailles aussi quand tu es chez toi?
4. Est-ce que tu auras assez de temps pour le collège?
5. Quand est-ce que tu vas faire tes devoirs?

### Situation 17

Le/La corres de votre fils/fille veut organiser une fête surprise pour l'anniversaire de votre fils/fille. Vous n'êtes pas d'accord.

1. Combien de personnes est-ce que tu as invitées? Qui va venir?
2. Qui va contrôler les boissons?
3. Qu'est-ce que vous ferez s'il ne fait pas beau?
4. Où est-ce que vous allez préparer le buffet?
5. À quelle heure est-ce que vous voulez commencer/finir la fête?

### Situation 18

Votre corres ne veut pas venir avec vous faire un tour en ville. Vous n'êtes pas content/e.

1. Pourquoi est-ce qu'on ne va pas faire un tour en ville?
2. Comment est-ce que j'y vais?
3. Où est-ce que je peux retrouver les copains?
4. Qu'est-ce qu'on peut faire en ville?
5. À quelle heure est-ce que je dois rentrer?

### Situation 19

Vous êtes le chef d'un hôtel en France. Un/e stagiaire allemand/e n'est pas content/e des conditions de travail.

1. Qu'est-ce que tu as? Il y a quelque chose qui ne va pas?
2. Est-ce que tu n'as pas envie de travailler plus pour gagner plus?
3. Qu'est-ce qui est le plus fatigant dans ton travail?
4. Pourquoi est-ce que tu as choisi de faire un stage dans un hôtel?
5. Est-ce que tu as déjà fait un stage en Allemagne?

### Situation 20

Vous avez envie d'un piercing. Votre corres essaye de vous faire changer d'avis.

1. Pourquoi est-ce que tu n'aimes pas les piercings?
2. Est-ce qu'il y a vraiment des risques?
3. Est-ce que tu connais quelqu'un qui a eu des problèmes avec un piercing?
4. Est-ce que tu trouves qu'un tatouage, c'est mieux?
5. Est-ce que tu peux m'aider à convaincre mes parents?

Liebe Schülerin, lieber Schüler,
mit dem zweiten Teil deines Arbeitsheftes trainierst du für die Prüfung DELF-B1.

**S'entraîner à l'examen** Hier findest du Übungen, die dich auf die Aufgaben der Prüfung DELF-B1 vorbereiten.

**Examen blanc** Unter dieser Rubrik findest du Aufgaben im Prüfungsformat DELF-B1.

Außerdem enthält dieses Heft Übungen zur *Version* (Übersetzung), da die Übersetzung in Bayern Bestandteil der Abschlussprüfung ist. (Spezielle Informationen zur Abschlussprüfung / Prüfung DELF-B1 findest Du hier:
▶ www.cornelsen.de/webcodes ATOI-4-DELF)

## Compréhension orale | Hörverstehen

**Was kommt in der Prüfung vor?**
Ein Alltagsgespräch, eine Radiosendung, ein Interview.
**Wie wird bewertet?**
Hörtext 1 (6 Punkte) + Hörtext 2 (8 Punkte) + Hörtext 3 (11 Punkte) = 25 Punkte. Rechtschreibfehler werden nicht bewertet.

**Was musst du beachten?**
– Lies die Aufgaben vor dem Hören.
– Du hörst jeden Text 2x, du brauchst also nicht schon beim 1. Hören alle Aufgaben zu beantworten.
– Die Reihenfolge der Aufgaben entsprechen der Reihenfolge der Informationen im Text.

## Compréhension écrite | Leseverstehen

**Was kommt in der Prüfung vor?**
**Lire pour s'orienter:** Hier sollst du aus mehreren kurzen Texten (z. B. Annoncen) bestimmte Informationen herausfinden.
**Lire pour s'informer:** Hier liest du einen längeren Text über aktuelle Themen der Jugendkultur und beantwortest verschiedene Fragen.
**Wie wird bewertet?**
**Lire pour s'orienter** (10 Punkte) + **Lire pour s'informer** (15 Punkte) = 25 Punkte. Rechtschreibfehler werden nicht bewertet.

**Was musst du beachten?**
– Lies vor dem Lesen des Textes die gesamte Aufgabenstellung sehr sorgfältig.
– Lies den Text bzw. die Texte mehrfach.
– Du musst nicht jedes Wort verstehen, um den Inhalt des Textes zu verstehen. Nutze dir bekannten Strategien zur Erschließung von Wörtern, die du nicht kennst (gleiche Wortfamilie? andere Sprache? Bilder? Textzusammenhang?).

## Production écrite | Schreiben

**Was kommt in der Prüfung vor?**
Stellungnahmen in einem Internetforum, Artikel in einer Schülerzeitung, offizielle Briefe.
**Wie wird bewertet?**
Inhalt (13 Punkte) + Sprache (12 Punkte) = 25 Punkte.
**Was musst du beachten?**
– Lies zuerst die Arbeitsanweisung genau und markiere dir die wichtigsten Punkte.
– Mache dich vor dem Schreiben mit den einzelnen Kriterien des Bewertungsschemas vertraut. ▶ ATOI-4-DELF
– Strukturiere deine Ideen, achte auf die logische Verbindung der Inhalte. ▶ S. 97
– Beachte die erforderliche Anzahl der Wörter (160–180).

## Production orale | Sprechen

**Was kommt in der Prüfung vor?**
**Entretien dirigé** (2–3 min): Du präsentierst dich und dein Umfeld. Du beantwortest Fragen.
**Exercice en interaction** (3–4 min): Das ist ein Rollenspiel. Du kannst zwischen zwei Themen wählen. In der Regel müsst ihr ein „Problem" lösen. Du bist für den Fortgang des Gesprächs verantwortlich.
**Expression d'un point de vue** (6–7 min): Du ziehst einen Text und bereitest dich 10 Minuten vor: Du präsentierst den Text (Thema, Hauptpunkte) und sagst deine Meinung. Abschließend beantwortest du Fragen.

**Wie wird bewertet?**
Jeder Prüfungsteil je 5 Punkte = 15 Punkte, sprachliche Leistung (alle 3 Prüfungsteile) 10 Punkte = 25 Punkte.
**Was musst du beachten?**
– Mache dich mit den einzelnen Kriterien des Bewertungsschemas vertraut. ▶ ATOI-4-DELF
– Äußere deine Meinung klar und verbinde deine Argumente logisch miteinander. ▶ S. 97
– Wenn Du etwas nicht verstehst, bitte um Wiederholung.

# Compréhension orale

## Conversation 1

### S'entraîner à l'examen

🎧 **1** Écoutez et cochez. Est-ce que la personne qui parle est contente ou pas contente?

|   | 1 | 2 | 3 | 4 | 5 | 6 | 7 | 8 | 9 | 10 |
|---|---|---|---|---|---|---|---|---|---|----|
| 😊 | X |   | X | X |   |   |   | X | X |    |
| 😞 |   | X |   |   | X | X | X |   |   | X  |

🎧 **2** Soulignez les phrases que vous entendez.

1. Tu n'as pas l'air en forme. / <u>Tu as l'air en forme.</u>
2. Je vais avoir deux heures de maths. / <u>Je viens d'avoir deux heures de maths.</u>
3. Il n'y a pas d'humour dans la vie. / <u>Il n'y a pas que l'humour dans la vie.</u>
4. <u>Il ne rit pas beaucoup.</u> / Il rit beaucoup.
5. Je te laisse toute seule. / <u>Je te laisse tout seul.</u>
6. <u>Qu'est-ce que tu en penses?</u> / Est-ce que tu y penses?
7. Je n'aime pas les histoires de sœurs. / <u>Je n'aime pas les histoires de cœur.</u>

### Examen blanc

**6 POINTS**

*Lisez les questions et écoutez le texte une première fois. Après, vous aurez 30 secondes pour commencer à répondre aux questions. Écoutez le texte une deuxième fois. Après, vous aurez 1 minute pour compléter vos réponses.*

🎧 **3** Répondez aux questions en cochant (x) la bonne réponse ou en écrivant l'information demandée.

1. Tom est crevé parce qu'il  *1 POINT*
   - [X] vient d'avoir deux heures de maths avec M. Thierry.
   - [ ] vient de voir les sœurs de Thierry.
   - [ ] vient de faire du sport avec Thierry.

2. Pourquoi est-ce que Tom ne veut pas aller au cinéma avec sa sœur?  *1 POINT*
   - [ ] Il n'a plus d'argent de poche.
   - [ ] Il n'a pas encore son argent de poche.
   - [X] Il ne veut pas dépenser son argent de poche.

3. Qu'est-ce que Caroline propose?  *1 POINT*

   <u>Elle propose de regarder un film à la maison / de dîner devant le film.</u>

4. Tom n'aime pas regarder  *1 POINT*
   - [ ] les histoires de famille.
   - [X] les histoires de cœur.
   - [ ] les histoires où on rigole.

5. D'après Caroline, Tom a un problème. Lequel?  *1 POINT*

   <u>Tom n'est jamais content.</u>

6. Qu'est-ce que Tom et Caroline décident finalement?  *1 POINT*
   - [ ] Caroline va aller au cinéma avec une copine.
   - [X] Caroline et Tom vont regarder ensemble un film à la télé.
   - [ ] Caroline et Tom vont préparer le repas.

# Conversation 2

## S'entraîner à l'examen

**1** Cochez si vous entendez la phrase ou pas puis corrigez si nécessaire.

|   | Oui | Non | Corrigé |
|---|---|---|---|
| 1. Enfin, tu es là. | ☐ | X | Il n'est pas là. |
| 2. Il n'y avait pas de réseau. | X | ☐ | |
| 3. On est resté bloqués pendant une heure. | ☐ | X | On est resté bloqués pendant une demi-heure. |
| 4. Le film devait finir à 5 heures. | ☐ | X | Le film devrait finir à 5 heures. |
| 5. Tu éteins la télé, d'accord? | ☐ | X | Tu allumes la télé, d'accord? |
| 6. Je vais dire au revoir aux enfants et je file! | ☐ | X | Je vais dire au revoir à ma fille. |

**2** Écoutez et mettez les phrases dans l'ordre. Numérotez-les de 1 à 7.

a La cata, quoi! — 4
b Entendu, Madame Laval! — 8
c Enfin, tu es là! — 2
d Ah là là, je suis vraiment en retard! — 1
e Désolé, j'ai eu un problème! — 3
f Oui, d'accord, merci. — 6
g À plus tard, Madame Laval. — 7
h J'ai encore du crédit sur ma carte. — 5

## Examen blanc

**6 POINTS**

**3** Répondez aux questions en cochant (X) la bonne réponse ou en écrivant l'information demandée.

1. Maxime — 1 POINT
   ☐ habite chez Madame Laval.
   X travaille chez Madame Laval.
   ☐ voudrait travailler chez Madame Laval.

2. Maxime est en retard parce qu' — 1 POINT
   ☐ il a eu un accident.
   X il y a eu un accident dans le RER.
   ☐ il a raté le RER.

3. Pourquoi est-ce que Maxime n'a pas appelé Madame Laval? — 1 POINT
   Maxime n'avait plus de crédit sur sa carte.

4. Madame Laval demande à Maxime — 1 POINT
   ☐ de faire des quiches avec les enfants.
   ☐ de regarder la télé avec les enfants.
   X d'arrêter la télé dans 30 minutes.

5. Qu'est-ce que Maxime a apporté? — 1 POINT
   Il a apporté un nouveau jeu de cartes très drôle.

6. Madame Laval rentrera — 1 POINT
   ☐ avant minuit.
   X après minuit.
   ☐ à minuit.

# Conversation 3

### S'entraîner à l'examen

**1** Cochez les chiffres que vous entendez.

|   |   | 18h37 | 8h37 | 18h30 |
|---|---|---|---|---|
| 1. Nous partons à | | ☐ | ☒ | ☐ |
| 2. Nous rentrerons à | | ☐ 11h15 | ☐ 16h15 | ☒ 13h20 |
| 3. Le voyage coûte | | ☐ 17 € | ☒ 27 € | ☐ 25 € |
| 4. Le voyage ne coûte pas cher pour les | | ☐ moins de 27 ans | ☐ plus de 25 ans | ☒ moins de 25 ans |

### Examen blanc — 6 POINTS

**2** Répondez aux questions en cochant (x) la bonne réponse ou en écrivant l'information demandée.

1. Guillaume — 1 POINT
   - ☒ ne s'entend pas avec son beau-père.
   - ☐ ne veut pas parler avec Lila.
   - ☐ ne veut pas débarrasser le lave-vaisselle.

2. Quel est le problème de Guillaume ? — 1 POINT
   _Depuis que son beau-père vit chez eux, Guillaume ne se sent plus chez lui._

3. Lila va passer le week-end à la campagne — 1 POINT
   - ☒ avec sa mère, une amie de sa mère et son fils.
   - ☐ avec son père, sa mère et sa sœur.
   - ☐ avec ses copains et sa mère.

4. Pourquoi est-ce que le frère de Lila ne peut pas venir ? — 1 POINT
   _Le frère de Lila ne vient pas parce qu'il a un match de foot._

5. Ils vont partir — 1 POINT
   - ☐ vendredi soir et revenir dimanche soir à 10h45.
   - ☐ vendredi soir et revenir dimanche matin à 11h.
   - ☒ vendredi soir et revenir dimanche soir à 11 heures et quart.

6. Lila conseille à Guillaume de — 1 POINT
   - ☐ ne pas parler à sa mère.
   - ☒ ranger sa chambre avant de parler à ses parents.
   - ☐ parler à sa mère et de ranger sa chambre après.

# Émission de radio 1

### S'entraîner à l'examen

**1** Écoutez et retrouvez l'ordre des phrases.

- a [4] C'est la photographie qui l'intéresse.
- b [2] Il a grandi à Paris.
- c [6] Ses photos sont géantes.
- d [8] Il colle ses photos aux murs.
- e [1] Ses parents viennent de Tunisie.
- f [3] À 15 ans, il s'intéresse aux artistes de rue.
- g [5] Il photographie des gens qu'on ne remarque pas.
- h [7] Sa salle d'exposition, c'est la rue.

## 2

**a** Écoutez et soulignez ce que vous entendez.

1. <u>JR est très discret</u>. / JR, c'est un secret.
2. Ses voisins ne le connaissent pas. / <u>Ses voisins ne le reconnaissent pas</u>.
3. <u>Ses photos sont gênantes</u>. / Ses photos sont géantes.
4. <u>En 2007, il a fait une exposition</u>. / En 2017, il a fait une exposition.
5. <u>Le long de la frontière</u>. / C'est long, la frontière?
6. <u>Les gens se ressemblent</u>. / Les gens se rassemblent.
7. <u>Un des monuments les plus importants</u>. / Un monument qui n'est plus important.

**b** Quel est le look de JR? Écoutez et cochez. Puis notez les mots que vous avez entendus pour justifier votre choix.

| 1 | 2 | 3 [X] |

<u>une barbe, des lunettes de soleil noires, un chapeau</u>

## Examen blanc    8 POINTS

*Vous allez entendre un document sonore. Vous aurez:*
- *30 secondes pour lire les questions;*
- *une première écoute, puis 30 secondes de pause pour commencer à répondre aux questions;*
- *une deuxième écoute, puis une minute de pause pour compléter vos réponses.*

**3** Pour répondre aux questions, écoutez et cochez la bonne réponse (X) ou écrivez l'information.

1. Qu'est-ce qu'on sait de l'artiste JR?   1 POINT
   - ☐ Personne ne le connaît.
   - ☐ On connaît son visage.
   - [X] On connaît son look.

2. Qu'est-ce que les lettres «JR» représentent?   1,5 POINT
   
   <u>Ce sont les premières lettres de son nom / ses initiales.</u>

3. D'où viennent les parents de JR et où habitent-ils?   2 POINTS
   
   <u>Ses parents viennent de Tunisie et habitent à Paris.</u>

4. JR aime   1 POINT
   - [X] coller des photos de gens inconnus sur les murs.
   - ☐ dessiner des portraits et les coller sur les murs.
   - ☐ prendre des photos de stars et les coller aux murs.

5. JR colle ses photos   1 POINT
   - ☐ seulement à des endroits où c'est permis.
   - [X] à des endroits où ce n'est pas permis.
   - ☐ seulement à des endroits où ce n'est pas dangereux.

6. JR fait du street art parce que/qu'   1,5 POINT
   
   <u>pour lui, le street art, ça veut dire s'engager.</u>

# Émission de radio 2

## S'entraîner à l'examen

**1** Notez les mots et expressions dans la bonne colonne. Attention, il y a plusieurs solutions possibles.

> bio   respecter des règles   l'huile   la bouteille   recycler   la viande   la qualité
> polluer   AB   régional   la boîte

| le produit | l'emballage | le label |
|---|---|---|
| bio, l'huile, la viande, la qualité, régional | la bouteille, la boîte, recycler, polluer | bio, respecter des règles, la qualité, AB, régional |

**2** (🎧 35) Écoutez. Puis, soulignez ce que vouz entendez.

1. <u>Triez vos déchets!</u> / Jetez vos déchets!
2. S'il y a un logo très clair. / <u>S'il y a un logo vert clair.</u>
3. <u>Une flèche vert foncé.</u> / Le feu est vert: Foncez!
4. <u>Savons-nous bien les lire?</u> / Savons-nous bien lire?
5. Ce label est peu connu. / <u>Ce label est un peu moins connu.</u>
6. <u>Les produits ont de plus en plus de labels.</u> / Les produits n'ont plus de labels.

## Examen blanc       **8 POINTS**

**3** (🎧 36) Pour répondre aux questions, écoutez et cochez la bonne réponse (x) ou écrivez l'information.

1. Cette émission de radio a pour principal objectif d'informer sur       **1 POINT**
   - ☐ les produits dans les supermarchés.
   - ☒ les étiquettes sur les produits.
   - ☐ les jeunes consommateurs.

2. De quelle couleur est le label AB? Qu'est-ce qu'il veut dire?       **2 POINTS**

   a) Le label AB est vert.

   b) Il signifie qu'il s'agit de produits bio.

3. Qu'est-ce que le label rouge garantit?       **1 POINT**

   Il signifie que le produit est de très grande qualité.

4. Le logo AOC se trouve sur       **1 POINT**
   - ☒ certains produits régionaux.
   - ☐ le fromage seulement.
   - ☐ l'huile et le fromage seulement.

5. Le camembert qui porte le logo AOC est fait       **1 POINT**
   - ☐ en Tunisie.
   - ☒ avec du lait qui vient de Normandie.
   - ☐ en Camargue.

6. Dans quels pays est-ce qu'on trouve aussi le label AOC?       **2 POINTS**

   On le trouve aussi en Suisse, en Belgique, en Tunisie et au Maroc.

# Émission de radio 3

## S'entraîner à l'examen

**1** Cochez les nombres que vous entendez.

a

| 1999 | 1995 | 1950 | 1977 | 1979 | 1991 |
|---|---|---|---|---|---|
| X |  | X | X |  | X |

b

| 03.85.41.21.70 | 03.95.48.20.13 | 03.88.41.20.09 | 03.95.51.21.12 | 03.88.42.21.15 |
|---|---|---|---|---|
| X |  | X |  | X |

c

| 2 | 28 | 13 | 3 | 5 | 15 | 8 | 9 |
|---|---|---|---|---|---|---|---|
| X | X |  | X | X |  |  | X |

## Examen blanc

**8 POINTS**

**2** Pour répondre aux questions, écoutez et cochez la bonne réponse (X) ou écrivez l'information.

1. Cette émission de radio informe sur — **1 POINT**
   - ☐ la fin de la Seconde Guerre mondiale.
   - ☐ des fêtes gastronomiques dans les trois capitales européennes.
   - ☒ la journée de l'Europe à Strasbourg.

2. Dans quelle partie de la ville se trouve le parlement Européen? — **2 POINTS**
   _Il se trouve dans le quartier européen, à deux kilomètres du centre._

3. Depuis quand est-ce que le parlement Européen est à Strasbourg? — **1,5 POINT**
   _Il existe depuis 1999._

4. Pendant la journée portes-ouvertes, — **1 POINT**
   - ☐ les visites guidées durent 30 minutes.
   - ☒ il y a des visites toutes les 30 minutes.
   - ☐ il y a des visites toutes les heures.

5. Quel numéro est-ce qu'il faut appeler pour visiter le Palais de l'Europe? — **1,5 POINT**
   _03.88.41.20.09_

6. Dans le parc de l'Orangerie, il y a — **1 POINT**
   - ☐ une statue de Napoléon.
   - ☒ un château.
   - ☐ des arbres plein d'oranges.

# Interview 1

## S'entraîner à l'examen

**1** Écoutez puis soulignez ce que vous entendez.

1. <u>Ce qui compte ...</u> / Ce qu'ils racontent ...
2. Les deux médiateurs ... / <u>... de deux médiateurs</u>
3. <u>Il a l'air d'accord.</u> / Il n'est jamais d'accord.
4. <u>... proches des élèves.</u> / ... proche d'un élève.
5. <u>Ils sont contents.</u> / C'est important.
6. <u>Depuis que je les aide ...</u> / Et puis, je les aide ...
7. Il a des règles. / <u>Il y a des règles.</u>
8. leurs propres problèmes / <u>ses propres problèmes</u>

**2 a** Écoutez et complétez les phrases avec les mots-clés.

A: Vous êtes ___tous les deux___ médiateurs? Qu'est-ce que c'est, un ___médiateur___?

B: Un médiateur, c'est un ___élève___ qui a reçu une ___formation___ pour aider d'autres élèves à ___régler___ leurs ___conflits___.

A: Tu es ___d'accord___ avec la définition d'Émilie?

C: Pour moi, le médiateur aide les élèves à trouver une ___solution___ eux-___mêmes___.

**b** Écoutez encore une fois et corrigez.

## Examen blanc
**11 POINTS**

*Vous allez entendre un document sonore. Vous aurez:*
- *1 minute pour lire les questions;*
- *une première écoute, puis 3 minutes pour répondre aux questions;*
- *une deuxième écoute, puis 2 minutes pour compléter vos réponses.*

**3** Pour répondre aux questions, écoutez et cochez la bonne réponse (x) ou écrivez l'information.

1. Le texte parle surtout   **1 POINT**
   - [X] des conflits au collège.
   - [ ] des gestes écolo au collège.
   - [ ] des profs et des élèves.

2. Comment est-ce qu'on devient médiateur dans un collège?   **2 POINTS**
   ___Il faut faire une formation qui dure un an.___

3. Que font les médiateurs à l'école?   **1 POINT**
   - [ ] Ils proposent des formations aux élèves.
   - [ ] Ils aident les profs dans des situations difficiles.
   - [X] Ils aident les élèves à régler leurs conflits.

4. Quel est le but d'une bonne médiation?   **2 POINTS**
   ___Une médiation aide les élèves à trouver une solution à leur conflit.___

5. Pourquoi est-ce que les profs ne peuvent pas faire ce travail?   **1 POINT**
   - [ ] Ils sont très proches des élèves.
   - [X] Ils se concentrent sur leur matière.
   - [ ] Ils ne veulent pas s'occuper des élèves qui se battent.

6. Quel problème est-ce qu'Aurélien a déjà eu?   **1 POINT**
   - [ ] Son prof n'a pas pu l'aider.
   - [X] Il n'a pas réussi à calmer un élève.
   - [ ] Il s'est battu avec un prof.

7. D'après Émilie, pourquoi est-il important qu'il y ait une bonne ambiance en classe?   **2 POINTS**
   ___Quand on se sent bien, on apprend mieux.___

8. D'après Aurélien, être médiateur apporte aussi un avantage personnel. Lequel?   **1 POINT**
   - [ ] On réussit mieux au collège.
   - [ ] On reçoit un diplôme.
   - [X] On règle mieux ses conflits personnels.

# Interview 2

## S'entraîner à l'examen

**1** Faites un tableau avec ces mots.
*Beispiellösung auf der CD-Extra*

> courir  participer  venir  geler
> s'entraîner  regarder  encourager
> glisser  pratiquer  neiger  applaudir

| les sportifs | le public | l'hiver |
|---|---|---|
|  |  |  |

🎧 **2** Vrai ou faux. Écoutez et cochez les informations correctes.
44

Cyril vient de France [X] / habite au Canada [X] / n'aime pas le Québec [ ] / fait un sport extrême [X] / n'aime pas les sports difficiles [ ] / fait de la trotinette pour s'entraîner [ ] / court pour s'entraîner [X] / dit qu'en hiver au Canada, il fait très froid [X].

## Examen blanc                                                                 11 POINTS

🎧 **3** Pour répondre aux questions, écoutez et cochez la bonne réponse (**x**) ou écrivez l'information.
45

1. Le texte parle                                                               1 POINT
   - [ ] d'un sport extrême traditionnel de France.
   - [X] d'un sport qu'on pratique seulement au Québec.
   - [ ] d'un sport que seuls les Français pratiquent au Canada.

2. À quelle saison est-ce qu'on pratique ce sport (a) et qu'est-ce qu'il faut faire (b)?   2 POINTS

   a) <u>On pratique ce sport en hiver.</u>

   b) <u>Il faut traverser le fleuve Saint-Laurent avec un bateau.</u>

3. En hiver, sur le Saint-Laurent                                               1 POINT
   - [ ] il y a beaucoup de bateaux.
   - [ ] il y a beaucoup d'eau.
   - [X] il y a beaucoup de glace.

4. Pour pratiquer ce sport, il faut                                             1 POINT
   - [X] courir.
   - [ ] nager.
   - [ ] geler.

5. Qu'est-ce qu'il faut faire pour être fort dans ce sport?                     2 POINTS

   <u>Il faut faire de la musculation, de la course à pied et utiliser plein de</u>

   <u>techniques différentes.</u>

6. À combien est-ce qu'on pratique ce sport?                                    2 POINTS

   <u>Cinq personnes</u>

7. Qu'est-ce qui se passe en janvier et en février dans la ville de Québec?    1 POINT
   - [X] Beaucoup de sportifs viennent pour participer à la compétition.
   - [ ] Beaucoup de sportifs viennent pour fêter le carnaval.
   - [ ] Beaucoup de spectateurs viennent admirer les costumes des sportifs.

8. Les Québécois                                                                1 POINT
   - [ ] trouvent que l'hiver est trop long.
   - [X] sont fans de canot à glace.
   - [ ] ont peur de l'hiver.

# Interview 3

## S'entraîner à l'examen

**1 a** Retrouvez et notez les mots de la famille «apprentissage/métier» avec l'article défini.

**b** Écoutez et cochez les mots de **a** que vous entendez. 🎧 46

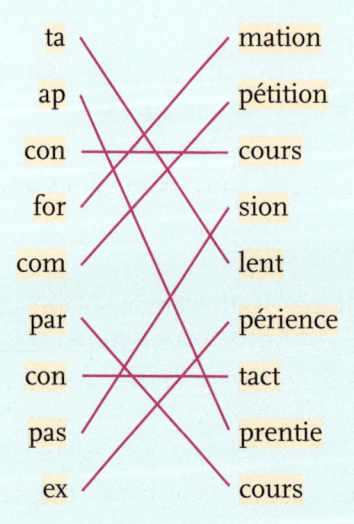

| | |
|---|---|
| ta — mation | la formation ☐ |
| ap — pétition | la compétition ☒ |
| con — cours | le concours ☒ |
| for — sion | la passion ☒ |
| com — lent | le talent ☒ |
| par — périence | l'expérience ☒ |
| con — tact | le contact ☐ |
| pas — prentie | l'apprentie ☒ |
| ex — cours | le parcours ☒ |

## Examen blanc
**11 POINTS**

🎧 47 **2** Pour répondre aux questions, écoutez et cochez la bonne réponse (x) ou écrivez l'information.

1. Charlotte — **1 POINT**
   - ☐ a visité un salon de coiffure à Paris.
   - ☒ a participé à un concours à Paris.
   - ☐ a commencé à travailler à Paris.

2. Pourquoi est-ce que Charlotte n'est pas vraiment contente? — **2 POINTS**
   
   Parce qu'elle n'a pas eu/gagné de prix.

3. Qu'est-ce qui montre que Charlotte est très bonne dans son domaine? — **2 POINTS**
   
   Elle est la première/meilleure apprentie de Bretagne.

4. Où est-ce que Charlotte a découvert le métier de coiffeuse? — **1 POINT**
   - ☒ Dans le salon d'une amie de sa mère.
   - ☐ Pendant un stage.
   - ☐ Dans le salon de coiffure de sa mère.

5. Qu'est-ce que Charlotte aime le plus dans ce métier? — **1 POINT**
   - ☐ Parler aux clients.
   - ☒ Voir les clients heureux.
   - ☐ Créer de nouvelles coiffures.

6. Est-ce que Charlotte a passé son bac? Pourquoi? — **2 POINTS**
   
   Elle n'a pas passé son bac parce qu'elle s'est réorientée / elle n'était pas motivée.

7. Comment est-ce qu'elle a su que ce concours existait? — **1 POINT**
   - ☒ On lui en a parlé à l'école.
   - ☐ Sa mère le lui a dit.
   - ☐ Elle l'a découvert toute seule sur Internet.

8. Quels sont les projets de Charlotte? — **1 POINT**
   - ☐ Elle veut partir à l'étranger.
   - ☐ Elle veut participer à différents concours.
   - ☒ Elle veut créer sa propre entreprise.

Compréhension orale

# Compréhension écrite

## Lire pour s'orienter 1

### S'entraîner à l'examen

**1 a** Voici des mots et expressions que vous allez trouver dans les annonces **1** à **4** de l'examen blanc. Complétez le tableau ci-dessous. *Beispiellösung auf der CD-Extra*

> nocturnes  gladiateurs  lundi  aventure  tremblement de terre  lumière  exceptionnelle
> Première Guerre mondiale  chute de météorite  Moyen Âge  adultes  éruption volcanique
> animaux  effets spéciaux  émotion  prix  adrénaline  feu d'artifice  enfants
> histoire  expérience de glisse  antiquité  légende  euros  dauphins  chaises dynamiques
> révolution industrielle  looping  château Renaissance  tournoi
> village gaulois  gratuitement  mystères  sentir  surprises  corps humain  robots  pharaons

| offre spéciale | sensations fortes | thème historique | programme du soir | nature/animaux |
|---|---|---|---|---|
| | | | | |

**b** Choisissez pour chaque critère une couleur. Puis retrouvez dans les annonces **1** à **4** de l'examen blanc les mots et les expressions du tableau de **a** et surlignez-les avec la bonne couleur.
**Exemple:** *Découvrez les mystères de la terre: …*

**c** Lisez l'exercice 2. Quelles informations devez-vous trouver dans les annonces? Soulignez les mots-clés.
*Beispiellösung auf der CD-Extra*

### Examen blanc                                                                                                 10 POINTS

**2** Votre corres a la chance d'habiter près de quatre parcs d'attraction. Sa mère vous propose d'y aller pour une journée en début de semaine. Elle est *fan d'histoire* et elle voudrait aussi profiter d'un *programme du soir* avant de rentrer. Votre corres et vous, vous aimez avant tout *les sensations fortes*. Mais le petit frère de votre corres qui vous accompagne préfère *apprendre des choses sur la nature ou observer des animaux*. De plus, vous voulez profiter d'un *tarif spécial* qui convient à votre groupe. (1 adulte, 2 jeunes de 15 et 16 ans, 1 enfant de 6 ans).
Voici les annonces que vous avez trouvées sur Internet.

---

**1  VULCANIA**  *Le grand parc à thème sur les volcans*

**Découvrez les mystères de la terre: tornade, tremblement de terre, chute de météorite,**
5 **éruption volcanique ...**

*Vous aimez sentir l'adrénaline qui monte? Alors visitez notre cinéma en 4D ou prenez place sur les chaises dynamiques*
10 *pour un voyage plein de surprises au centre de notre planète!*

» Expériences et ateliers sciences de la terre avec un animateur
15 » Cité des enfants, un espace où les 3 à 7 ans découvrent les 4 éléments
» Bon plan pour les amoureux: Séjour 2 jours / 1 nuit à deux dans un hôtel volcanique à un prix
20 imbattable!

Le parc est ouvert chaque jour de 10 h 00 à 19 h 30

## 2. Futuroscope – *Le grand parc d'attraction qui n'attend pas demain pour vous parler du futur!*

VIRUS ATTACK: Les effets spéciaux sont au rendez-vous pour une aventure à travers le corps humain!

DANSE AVEC LES ROBOTS: Une discothèque comme tu n'en as jamais vu, et toi, tu es dans les bras d'un robot qui te fait tourner!

LES MACHINES DE L'INGÉNIEUR LÉONARD: à partir de 5 ans!

Ouvert tous les jours en été jusqu'à 22 h 30

Grand spectacle nocturne Magie et chansons avec la voix de **Nolwenn Leroy**

**Lundi, Journée famille:** pour deux adultes qui payent, deux enfants (0 à 15 ans) entrent gratuitement!

## 3. PARC ASTÉRIX

### En route pour l'Antiquité!

Découvrez le parc avec **ses six univers**: l'Égypte, la Gaule, l'Empire romain, la Grèce, les Vikings, le voyage à travers le temps, et ne ratez pas la rencontre avec les personnages de la bédé dans le village gaulois!

**Delphinarium:** Grand spectacle de dauphins et autres animaux marins pour toute la famille tous les jours de 12 h à 18 h.

Les 7 loopings les plus fous d'Europe! Vivez une expérience de glisse à 60 km/h! À 90 km/h et 40 mètres de hauteur, les pieds dans le vide, OzIris, une aventure que vous n'êtes pas prêts d'oublier!

**Nocturnes Égyptiennes** tous les samedis d'avril à octobre et chaque soir en été: de 21 h à 23 h, sons & lumières et feux d'artifice vous transporteront au temps des pharaons.

À ne pas rater cet été:
1 entrée adulte offerte pour 3 entrées enfants payées

## 4. Puy du fou – *Pour tous ceux qui aiment l'histoire*

**Parc à thèmes:** village 1900, château Renaissance, à l'époque de la révolution industrielle

Tranquillement installés dans un amphithéâtre de 500 places, vous revivez un combat de gladiateurs ou un tournoi du Moyen Âge avec 1200 acteurs et danseurs et 24 000 costumes!

**La légende de Martin:** Spectacle de marionnettes pour les plus jeunes

*Nouveauté:* Grand spectacle nocturne «Les amoureux de Verdun» spectacle sur la Première Guerre mondiale

**Offre exceptionnelle:** – 25 % pour les groupes de plus de 25 personnes

---

**a** Pour chaque critère, mettez une croix (**x**) dans la case «oui» ou «non».

|  | Vulcania | | Futuroscope | | Parc Astérix | | Puy du fou | |
|---|---|---|---|---|---|---|---|---|
|  | oui | non | oui | non | oui | non | oui | non |
| offre spéciale qui convient à votre groupe |  | X |  | X | X |  |  | X |
| sensations fortes | X |  | X |  | X |  | X |  |
| thème historique |  | X |  | X | X |  | X |  |
| programme du soir |  | X | X |  | X |  | X |  |
| nature ou animaux | X |  |  | X | X |  |  | X |

**b** Quel parc choisissez-vous? <u>Je vais choisir le «Parc Astérix».</u>

# Lire pour s'orienter 2

## S'entraîner à l'examen

**1 a** Voici des mots et expressions que vous allez trouver dans les annonces **1** à **4** de l'examen blanc. Lisez-les et complétez le tableau ci-dessous. *Beispiellösung auf der CD-Extra*

> service en terrasse   7 jours sur 7   sable   balançoires   vue panoramique   tables à l'extérieur
> plage   jusqu'à 19 heures en semaine   poisson   fermé le lundi   produits régionaux
> terrain de volley   cuisine traditionnelle   salades   spécialités bretonnes   fruits de mer
> en soirée   légumes   du mardi au dimanche   toboggans
> à partir de 19 heures   en semaine   poisson au cidre breton   le soir   crêpes

| ouvert lundi soir | terrasse avec vue | plats typiques | pas de viande | terrain de jeux |
|---|---|---|---|---|
|  |  |  |  |  |

**b** Choisissez pour chaque critère une couleur. Puis retrouvez dans les annonces **1** à **4** de l'examen blanc les mots et les expressions du tableau de **a** et surlignez-les avec la bonne couleur.

## Examen blanc                                                                                10 POINTS

**2** C'est <u>lundi soir</u>, vos parents viennent d'arriver dans votre famille d'accueil en Bretagne et vous voulez aller fêter la fin de votre séjour tous ensemble au restaurant. Mais ce n'est pas facile de choisir un restaurant parce que votre mère voudrait avoir la possibilité de <u>manger dehors</u> dans un bel endroit et que votre père <u>voudrait goûter à un plat typique de la région</u>. Votre corres <u>ne mange pas de viande</u> et il faut <u>un terrain de jeu</u> pour les deux petits frères de votre corres qui ne peuvent pas rester tranquilles à table trop longtemps. Voici les annonces que vous avez trouvées sur Internet.

**1** ### Les pieds dans <u>le sable</u>

<u>Cuisine traditionnelle</u> | <u>Fruits de mer</u>

**SPÉCIALITÉ DU CHEF:**
<u>Le poisson au cidre breton</u>

5 **OUVERT** toute la journée, <u>de mardi à dimanche</u>
(6 tables à l'intérieur, <u>15 tables à l'extérieur</u>)

**ACCÈS:**
Le restaurant se trouve sur la plage, entre le
<u>terrain de volley</u> et le <u>mini-golf</u>

**2** ### Surcouf le corsaire

Ambiance bateau de pirate garantie dans la petite salle de ce restaurant du centre-ville

5 Dès qu'on entre, on se sent transporté dans un autre univers!

Pour ses <u>plats de poisson</u> comme pour ses <u>plats de légumes</u>, le chef n'utilise que des <u>produits régionaux</u> et vous les sert avec des boissons du terroir!

<u>Ouvert 7 jours sur 7, le soir</u> seulement. Réservation conseillée.

**3** ### Chez Rosalie

▸ Maison typiquement bretonne au milieu d'un beau jardin potager
▸ <u>Balançoires</u> et <u>toboggans</u> pour les enfants
▸ <u>Salades, crêpes, légumes</u> du jardin,
5  <u>spécialités bretonnes</u>
▸ <u>Service en terrasse</u> et à l'intérieur
▸ <u>À partir de 19 heures en semaine</u>,
  le week-end service à midi et en soirée.

**Jour de fermeture:** Jeudi

**4** *La tour d'émeraude*

*Vue panoramique* sur toute la côte

5  Fermé le lundi

*Menu gastronomique*

Crêpes tomates gingembre jambon
*ou*
10  Salade de sardines aux champignons

Steak au vin de miel avec pommes de terre
*
Mousse au chocolat
15  Glace au caramel sur son lit d'oranges

**a** Pour chaque critère, mettez une croix (**x**) dans la case «oui» ou «non».

|  | Les pieds dans le sable | | Surcouf le corsaire | | Chez Rosalie | | La tour d'émeraude | |
|---|---|---|---|---|---|---|---|---|
|  | oui | non | oui | non | oui | non | oui | non |
| ouvert le lundi soir |  | X | X |  | X |  |  | X |
| terrasse avec vue | X |  |  | X | X |  | X |  |
| plats typiques de la région | X |  | X |  | X |  | X |  |
| plats végétariens/poisson |  | X | X |  | X |  |  | X |
| terrain de jeux | X |  |  | X | X |  |  | X |

**b** Quel restaurant choisissez-vous?  *Nous choisissons «Chez Rosalie».*

# Lire pour s'orienter 3

## S'entraîner à l'examen

**1** Choisissez pour chaque critère de la grille (▶ p. 63/**2a**) une couleur. Puis retrouvez dans le texte et dans les annonces **1** à **4** de l'examen blanc les mots et les expressions qui correspondent à ces critères et surlignez-les avec la bonne couleur.

## Examen blanc                                                                                                    10 POINTS

**2** Vous voulez passer quelques semaines en France, mais *vous ne pouvez pas recevoir un corres chez vous* parce que vous partagez déjà votre chambre avec votre sœur. Mais vous *ne voulez pas nécessairement payer pour votre séjour.* En plus, *ça ne vous intéresse pas trop d'aller à l'école.* Vous *ne voulez pas partir avec un groupe que vous connaissez* déjà, comme votre classe. De plus, vous *ne voulez pas qu'il y ait d'autres nationalités que des Allemands et des Français* dans le groupe parce que vous voulez absolument faire des progrès en français.
Voici les annonces que vous avez trouvées sur Internet.

**1** **Étudier en France avec le programme Brigitte Sauzay**

Le programme d'échange individuel Brigitte Sauzay organisé et subventionné
5  par l'OFAJ propose aux élèves allemands de 9ème et 10ème classe un échange de 3 mois minimum:
– Vous êtes logé dans la famille de votre correspondant.
10  – Vous allez avec lui en cours et participez aux activités de sa famille.
– Vous recevez à votre tour pendant trois mois votre correspondant dans votre famille.

L'OFAJ vous aide à
15  trouver un partenaire et finance les voyages.
Vous pouvez télécharger le dossier de candidature sur le site de l'OFAJ.

## CHANTIERS DE JEUNES FRANCO-ALLEMANDS CHERCHENT PARTICIPANTS

Vous vous intéressez à l'Europe et à son histoire? Vous êtes autonome et savez vous débrouiller tout seul? Vous n'avez pas peur de travailler avec vos mains 20 heures par semaine? Vous voulez vous faire de nouveaux amis? Alors, les chantiers de jeunes franco-allemands sont pour vous!

Jeunes Français et jeunes Allemands se rencontrent dans un lieu symbolique de l'histoire franco-allemande et travaillent ensemble pour le restaurer. Les activités? Porter des sacs de sable, reconstruire des murs, inventer des animations pour les touristes! Attention, il faut avoir entre 14 et 26 ans! Et, bien sûr, le soir au coin du feu, vous pourrez discuter des différences et des points communs existant entre jeunes Européens. C'est grâce aux chantiers de jeunes que des lieux où les Allemands et les Français se sont battus deviennent des symboles de paix.

Le voyage, la nourriture et le logement dans des tentes de 8 à 10 personnes sont offerts. Par contre, on demande aux jeunes de participer à la cuisine et aux tâches ménagères.

### Échange sportif avec Villefranche

Le club multisports de Villefranche cherche un club allemand pour un échange de 15 jours en été (1 semaine en France et 1 semaine en Allemagne).

LE BUT: constituer des équipes franco-allemandes pour apprendre à se connaître, s'entraîner ensemble et organiser à la fin du séjour une olympiade franco-allemande de natation, d'athlétisme, de foot et de rugby.

Les participants doivent être membres d'un club sportif et doivent payer leur voyage eux-mêmes (train ou avion). L'Office franco-allemand pour la jeunesse finance le logement en auberge de jeunesse.

### École de langues d'Amboise – Apprenez le français au bord de la Loire

*Vous voulez découvrir la vie en France? Vous voulez faire des progrès en français? L'école de langues d'Amboise vous accueille individuellement et vous propose des cours agréables dans une atmosphère sympathique.*

- → Cours en petits groupes internationaux de 7 personnes maximum le matin
- → Séquences individuelles pour répondre à vos besoins particuliers
- → Programme culturel l'après-midi (visite des châteaux de la Loire)
- → Possibilité d'habiter en pension ou chez l'habitant

*Formule découverte:* 529 €/semaine
*Formule intensive:* 699 €/semaine

**a** Pour chaque critère, mettez une croix (**x**) dans la case «oui» ou «non».

|  | Programme Sauzay oui | Programme Sauzay non | Chantiers de jeunes franco-allemands oui | Chantiers de jeunes franco-allemands non | Échange sportif oui | Échange sportif non | École de langues d'Amboise oui | École de langues d'Amboise non |
|---|---|---|---|---|---|---|---|---|
| recevoir qn chez soi | X |  |  | X | X |  |  | X |
| dépenser de l'argent pour le voyage |  | X | X |  | X |  | X |  |
| aller au collège | X |  |  | X |  | X |  | X |
| partir avec des gens qu'on connaît |  | X |  | X | X |  |  | X |
| être avec des jeunes seulement allemands ou français |  | X |  | X |  | X | X |  |

**b** Quel programme choisissez-vous?   *Je choisis le chantier de jeunes franco-allemands.*

# Lire pour s'informer 1

## S'entraîner à l'examen

**1** Voici des mots avec leur traduction. Ils vous aident à comprendre des mots du texte, p. 65, qui sont de la même famille de mots. Retrouvez-les dans le texte, p. 65. Notez la ligne et leur traduction allemande.
▶ Méthodes, p. 120/20.

| | | | | |
|---|---|---|---|---|
| 1. se rassembler | = sich versammeln | → | l.1 le rassemblement | = die Versammlung |
| 2. autoriser | = erlauben | → | l.33 l'autorisation | = die Erlaubnis |
| 3. partager | = teilen | → | l.45 le partage | = das Teilen |
| 4. s'occuper de qc | = sich beschäftigen | → | l.51 l'occupation | = die Beschäftigung |

**2 a** De quoi est-ce que l'article, p. 65, parle? Lisez-le et cochez la bonne phrase.

1. ☐ Il faut inviter les élèves à faire plus d'activités en dehors des cours parce que sinon, ils regardent trop YouTube.
2. ☐ Il existe, dans certains collèges, des projets de flash mob mais en général, les collèges n'offrent pas assez d'activités en dehors des cours.
3. ☒ Participer à des activités en dehors des cours permet aux profs et aux élèves d'un collège de mieux se connaître.

**b** Voici les idées principales de l'article, p. 65. Notez pour chaque idée le bon paragraphe[1].

[1] le paragraphe — Abschnitt

a) Le succès d'un flash mob dépend aussi de la discrétion de ceux qui le préparent. → paragraphe **3**

b) On retrouve le phénomène du flash mob même dans les collèges. → paragraphe **1**

c) Danser n'est pas la seule activité possible lors d'un flash mob. → paragraphe **4**

d) Quand ils participent à un flash mob, les élèves montrent qu'ils savent faire plus de choses que ce que les profs leur demandent en cours. → paragraphe **2**

**c** Pour vous aider à répondre aux questions de l'examen blanc, reliez d'abord chaque phrase à sa traduction.

Le principal a beaucoup aidé les jeunes. ☒ **1** — **a** Er hat die Aufsichtspersonen gebeten den Jugendlichen zu helfen.
Il était très fier de l'idée et en a parlé à tout le monde. ☐ **2** — **b** Der Schulleiter hat den Jugendlichen sehr geholfen.
Il a demandé aux surveillants d'aider les jeunes. ☒ **3** — **c** Er war sehr stolz auf die Idee und hat allen davon erzählt.

**d** Retrouvez dans l'article, p. 65, les phrases qui correspondent aux phrases de **c** et soulignez-les. Puis cochez les phrases de **c** qui sont fausses. *Beispiellösung auf der CD-Extra*

**3 a** Entraînez-vous à la version. Traduisez ces phrases en allemand.

1. a) Il suffit de jeter un coup d'œil sur YouTube / pour se rendre compte que / de plus en plus d'élèves utilisent cette nouvelle forme de performance / pour créer un événement dans leur école.

   Es genügt einen Blick auf YouTube zu werfen, / um sich klar zu machen, dass / immer mehr Schüler diese neue Form des Auftretens nutzen, / um ein Ereignis in ihrer Schule zu schaffen.

b) Il suffit de jeter un coup d'œil sur YouTube / pour se rendre compte que / <u>plus d'élèves de lycées que de collèges</u> utilisent cette nouvelle forme de performance / <u>et créent ainsi</u> un événement dans leur école.

*Es genügt einen Blick auf YouTube zu werfen, / um sich klar zu machen, dass / <u>mehr Schüler von Gymnasien als von Realschulen</u> diese neue Form des Auftretens nutzen / <u>und damit</u> ein Ereignis in ihrer Schule <u>schaffen</u>.*

2. a) Pour un spectacle de ce genre, / il faut vraiment d'autres qualités que les qualités <u>que les profs attendent en cours</u>.

*Für eine Show/Aufführung dieser Art / braucht man wirklich andere Qualitäten <u>als die Qualitäten, die die Lehrer im Unterricht erwarten</u>.*

b) Pour un spectacle de ce genre, / il faut d'autres qualités <u>et beaucoup de moyens techniques</u>.

*Für eine Show/Aufführung dieser Art / braucht man andere Qualitäten <u>und viele technische Mittel</u>.*

**b** Soulignez les différences entre les phrases en français et en allemand de **a**.   Beispiellösung auf der CD-Extra

## Examen blanc                                                                                       15 POINTS

### Collège: Alors on danse?

Les rassemblements éclairs ou flash mobs sont à la mode. On trouve sur Internet des vidéos qui montrent des centres commer-
5 ciaux, des bibliothèques ou des aéroports où, tout à coup, les gens se mettent à danser ou à chanter et transforment un endroit banal en lieu de spectacle et de rencontre parfois extraordinaire. Mais est-il possible d'organiser un flash mob dans un collège? Il
10 suffit de jeter un coup d'œil sur YouTube pour se rendre compte que de plus en plus d'élèves utilisent cette nouvelle forme de performance pour créer un événement dans leur école. Nous avons mené l'enquête pour vous dans deux collèges qui ont tenté l'expérience.

15   Au collège d'Ivry, ce sont les profs de sport qui ont lancé l'idée et inventé la chorégraphie. Toutes les classes se sont entraînées pendant les cours de sport et la performance a eu lieu en juin, pendant la fête d'été. La directrice trouve que ça a été une bonne expérience: «Mes collègues et moi
20 avons découvert certains élèves d'une autre façon. Pour un spectacle de ce genre, il faut vraiment d'autres qualités que celles que les profs attendent d'habitude en cours». Victor, élève de quatrième, est, lui, plus critique: «Ce sont les profs qui ont tout fait! Nous, on n'a rien pu dire et ceux qui ne
25 voulaient pas participer ont eu des problèmes, comme toujours à l'école!»

Au collège de Saint-Quentin, par contre, un groupe de filles a tout organisé. Elles ont eu de la
30 chance parce que le principal a tout de suite aimé leur idée et leur a donné l'autorisation de s'entraîner le samedi après-midi au gymnase. «Il venait nous ouvrir les portes, c'était très sympa», se souvient Lucie. «Et puis, il a gardé le secret, ce
35 qui était très important parce que ce qui compte dans un flash mob, c'est surtout la surprise. C'est pour ça qu'on n'a pas répété pendant les cours de sport mais le week-end». Yolande Lebrun, un professeur qui n'était pas au courant, confirme: «Quand on ne s'y attend pas, c'est un peu
40 magique, on a l'impression d'être dans un film».

À Ivry comme à Saint-Quentin, tous les participants sont d'accord pour dire que le flash mob a été un grand moment de partage et de fusion. «Le flash mob», dit Carole, surveillante à Ivry, «a changé ma relation avec certains
45 élèves. Maintenant, nous sommes plus proches qu'avant.» Amandine, élève de troisième à Saint-Quentin, explique: «Au début, il y avait des élèves qui étaient contre parce qu'ils ne voulaient pas danser. Alors on a trouvé d'autres occupations pour eux: installer la stéréo par exemple, ou
50 filmer la chorégraphie. Finalement, tout le monde a fait quelque chose. On était vraiment un groupe!»

**4** Lisez l'article p. 65 et répondez aux questions en cochant (X) la bonne réponse et en écrivant les informations demandées.

1. L'article parle surtout  *1 POINT*
   - [ ] des flash mobs qu'on voit sur YouTube.
   - [ ] des performances dans des lieux publics.
   - [X] des flash mobs qui ont lieu au collège.

2. D'habitude, un flash mob se passe  *1 POINT*
   - [X] dans un endroit public.
   - [ ] dans les bibliothèques et les écoles.
   - [ ] dans une salle de spectacles.

3. Au collège d'Ivry  *1 POINT*
   - [X] les profs et les élèves ont participé avec plaisir.
   - [ ] les profs ont eu l'idée et les élèves n'ont pas eu le choix.
   - [ ] les élèves ont eu l'idée mais les profs n'étaient pas d'accord.

4. Les élèves du collège d'Ivry ont présenté leur flash mob à la fin de l'année scolaire.  *1,5 POINT*

   Vrai: [X]   Faux: [ ]

   Justification: (l.17–18) … la performance a eu lieu en juin, pendant la fête d'été.

5. Pendant l'entraînement, les profs du collège d'Ivry ont mieux fait la connaissance de leurs élèves.  *1,5 POINT*

   Vrai: [X]   Faux: [ ]

   Justification: (l.19–20) Mes collègues et moi avons découvert certains élèves d'une autre façon.

6. Au collège de Saint-Quentin, tous les élèves n'étaient pas motivés.  *1,5 POINT*

   Vrai: [ ]   Faux: [X]

   Justification: (l. 28–29) un groupe de filles a tout organisé.

7. Le principal du collège de Saint-Quentin  *1 POINT*
   - [X] était fier de l'idée et a aidé les jeunes.
   - [ ] était très fier de l'idée et en a parlé à tout le monde.
   - [ ] a demandé aux surveillants d'aider les jeunes.

8. Les élèves du collège de Saint-Quentin ont raté les cours de sport pour préparer leur flash mob.  *1,5 POINT*

   Vrai: [ ]   Faux: [X]

   Justification: (l. 36–37) On n'a pas répété pendant les cours de sport mais le week-end. (l. 32–33) l'autorisation de s'entraîner le samedi après-midi au gymnase.

9. Pourquoi ne faut-il pas raconter qu'on prépare un flash mob?  *2 POINTS*

   (l. 35–36) … parce que ce qui est important dans un flash mob, c'est la surprise.

10. Comment le flash mob a-t-il été vécu dans les deux collèges?  *2 POINTS*

    (l. 42–43) Le flash mob a été un grand moment de partage et de fusion.

11. Quand on fait un flash mob dans un collège,  *1 POINT*
    - [ ] tous les élèves doivent savoir danser.
    - [X] tous les élèves peuvent être actifs.
    - [ ] tous les élèves sont contents.

# Lire pour s'informer 2

## S'entraîner à l'examen

**1** Ces verbes vous aident à comprendre des mots inconnus de l'article, p. 68. Traduisez chaque verbe. Puis retrouvez dans l'article, p. 68, pour chaque verbe un nom de la même famille. Notez le nom et sa traduction. ▶ Méthodes, p. 120/20

1. aider = <u>helfen</u> → <u>l'aide</u> = <u>die Hilfe</u>
2. bricoler = <u>basteln</u> → <u>le bricolage</u> = <u>das Basteln</u>
3. consommer = <u>verbrauchen</u> → <u>le/la consommateur/-trice</u> = <u>der/die Verbraucher/in</u>
4. connaître = <u>kennen</u> → <u>la connaissance</u> = <u>die Kenntnis</u>
5. utiliser = <u>benutzen</u> → <u>l'utilisateur/l'utilisatrice</u> = <u>der/die Benutzer/in</u>

**2** La structure d'un texte vous aide à le comprendre. Lisez l'article, p. 68, et choisissez pour chaque paragraphe un titre.

|  | §1 | §2 | §3 | §4 | §5 | §6 |
|---|---|---|---|---|---|---|
| Tuto et argent |  |  |  |  | X |  |
| Pourquoi un tuto? | X |  |  |  |  |  |
| Définition du tuto |  | X |  |  |  |  |
| Utiliser un tuto |  |  | X |  |  |  |
| Qualités nécessaires |  |  | X |  | X |  |
| Créer un tuto |  |  |  | X |  | X |

**3 a** Vous devez décider si cette affirmation est vraie ou fausse. Pour mieux la comprendre, surlignez d'abord les mots importants.

Presque tous les <u>utilisateurs</u> de tutos ont <u>plus de 25 ans</u>.

**b** Retrouvez dans l'article, p. 68, la phrase qui correspond à **a** et soulignez-la. Beispiellösung auf der CD-Extra

**c** Maintenant, comparez les deux phrases et décidez si la phrase de **a** est «vraie» ou «fausse». Notez ce qui vous a aidé.

*Phrase de* **a**: Presque tous les <u>utilisateurs</u> de tutos ont <u>plus de 25 ans</u>.

*Phrase de l'article, l.* <u>15–16</u> : <u>La moitié des utilisateurs de tutos sur YouTube ont entre 12 et 25 ans.</u>

*Aide:* <u>Im Text steht „ont entre 12 et 25 ans" und im Satz a „ont plus de 25 ans".</u>

<u>Also ist der Satz a falsch.</u>

**4** Entraînez-vous à la version. Traduisez ces phrases en allemand. Beispiellösung auf der CD-Extra

1. a) Les ados sont les plus grands consommateurs de tutos et en inventent aussi pas mal.
   b) Les ados consomment plus de tutos que les adultes qui en inventent quand même pas mal.
2. a) Il n'arrive pas à installer ce programme sur son vieil ordinateur.
   b) Il vient d'arriver avec son nouvel ordinateur.
3. a) Un tuto, c'est comme un cours qui ne dure que deux minutes!
   b) Mon tuto, c'est mon cours qui ne commence que dans deux minutes!

# Examen blanc

**15 POINTS**

## Les tutos à la mode chez les ados

Vous vous demandez comment vous allez vous maquiller pour votre prochaine soirée ou comment construire de nouvelles étagères sous votre fenêtre? Vous voulez apprendre à jouer un nouvel accord de guitare? Vous n'arrivez pas à installer un nouveau programme sur votre vieil ordinateur? Eh bien, c'est simple: regardez sur Internet, il existe sûrement un tuto qui va vous aider.

Vous ne savez pas ce qu'est un tuto? C'est l'abréviation du mot tutoriel qui désigne une petite vidéo dans laquelle un ou une spécialiste explique comment on fait quelque chose.

On compte actuellement 180 millions de vues de tutos par mois en France et la moitié des utilisateurs de tutos sur YouTube ont entre 12 et 25 ans. Nicolas, 16 ans, trouve que ça n'a que des avantages: «D'abord, ça ne coûte rien car les internautes font ça pour leur plaisir. En plus, on y trouve de l'aide à presque tous les problèmes pratiques. J'ai commencé avec des tutos de bricolage parce que je voulais transformer ma chambre. Et puis, quand j'ai dû faire mon exposé en musique, je suis allé voir s'il n'y avait pas des tutos qui expliquent la composition musicale. Je suis tombé sur PV Nova qui fait des super tutos de musique. J'y ai trouvé plein d'idées et j'ai eu 20!».

Si les ados sont les plus grands consommateurs de tutos, ils en produisent aussi pas mal eux-mêmes. Quentin et Luc sont fans de VTT. Sur Internet, ils expliquent comment réussir une figure comme le wheeling par exemple. Luc commente: «C'est drôle, on joue un peu aux profs. On essaie de bien comprendre pour bien expliquer. C'est comme un cours mais un cours qui ne dure que deux minutes! Nos profs devraient s'en inspirer!»

Enjoy Phoenix, 19 ans, est devenue célèbre avec un site qui propose des tutos de coiffures. Elle a commencé il y a deux ans et a déjà plus d'un million de fans. Quand elle met une nouvelle vidéo en ligne, 300 000 personnes la regardent. Cette popularité a aussi des avantages financiers. Enjoy reçoit un euro pour mille vues de YouTube et des entreprises de cosmétiques la payent pour montrer leurs produits dans ses vidéos. Car si les tutos ne coûtent rien, ils sont souvent accompagnés de publicité.

Bien sûr, il ne suffit pas de se filmer pendant qu'on fait un gâteau au yaourt pour devenir une star du net. Il faut maîtriser beaucoup d'éléments pour faire un bon tuto: être pédagogue, avoir des connaissances précises dans le domaine qu'on présente et du talent pour une bonne utilisation la caméra. Qui sait, il y aura peut-être bientôt des tutos pour réussir son tuto!

---

**5** Lisez l'article et répondez aux questions en cochant (**x**) la bonne réponse et en écrivant les informations demandées.

1. Cet article explique comment les ados peuvent    **1 POINT**
   - [ ] devenir célèbres sans Internet.
   - [x] apprendre et expliquer des choses sur Internet.
   - [ ] trouver des copains sur Internet.

2. Le tuto, c'est    **1 POINT**
   - [x] un mini-film qui donne des conseils pour réussir quelque chose.
   - [ ] un clip qu'on met sur YouTube quand on veut devenir chanteur ou humoriste.
   - [ ] une interview avec un spécialiste dans un domaine précis.

3. Presque tous les utilisateurs de tutos ont plus de 25 ans.    **1,5 POINT**

   Vrai: [ ]    Faux: [x]

   Justification: (l.16) La moitié des utilisateurs ont entre 12 et 25 ans.

4. Pourquoi est-ce que Nicolas adore les tutos? *(2 réponses différentes)*    **2 POINTS**

   a) Ça ne coûte rien.

   b) Il y a une réponse à presque tous les problèmes pratiques.

5. Pourquoi est-ce que Nicolas a eu besoin de tutos? *(2 réponses différentes)* — 2 POINTS

   a) Pour transformer sa chambre.

   b) Pour préparer son exposé en musique.

6. Beaucoup de jeunes regardent les tutos mais ce ne sont que des adultes qui les réalisent. — 1,5 POINT

   *Vrai:* ☐  *Faux:* ☒

   *Justification:* Les jeunes produisent aussi des tutos. / Ils en produisent pas mal eux-mêmes.

7. Quentin et Luc — 1 POINT
   - ☐ sont profs de VTT dans un club.
   - ☐ ont appris à faire un wheeling grâce aux tutos.
   - ☒ proposent des tutos de VTT.

8. Quelle est la différence principale entre un tuto et un cours au collège? — 1 POINT
   - ☐ Un cours au collège est plus théorique qu'un tuto.
   - ☒ Un cours au collège est plus long qu'un tuto.
   - ☐ Un cours au collège est mieux expliqué qu'un tuto.

9. Selon Quentin et Luc, les profs pourraient mieux enseigner s'ils regardaient des tutos. — 1,5 POINT

   *Vrai:* ☒  *Faux:* ☐

   *Justification:* (l. 36) Nos profs devraient s'en inspirer.

10. Qu'est-ce qui a changé dans la vie d'Enjoy Phoenix depuis qu'elle fait des tutos? — 1 POINT
    - ☐ Elle ne peut plus sortir sans rencontrer des fans.
    - ☒ Elle gagne de l'argent avec ses mini-vidéos.
    - ☐ Elle a participé à une pub à la télé pour des produits de maquillage.

11. Pour réussir un tuto, il suffit de savoir bien expliquer. — 1,5 POINT

    *Vrai:* ☐  *Faux:* ☒

    *Justification:* (l. 50–51) Il faut aussi du talent pour bien manier la caméra / être pédagogue / avoir des connaissances.

# Lire pour s'informer 3

### S'entraîner à l'examen

**1** Voici les idées principales de l'article, p. 70. Notez pour chaque idée le bon paragraphe[1].

a) Les ados ne lisent plus volontiers pendant leurs loisirs parce qu'ils travaillent beaucoup pour le collège et qu'ils préfèrent les nouveaux médias. → *paragraphe* **2**

b) La lecture fait toujours partie des loisirs des jeunes, même si ces derniers lisent aujourd'hui d'une manière différente. → *paragraphe* **4**

c) Certains jeunes utilisent Internet pour parler de leurs coups de cœur[2] littéraires. → *paragraphe* **3**

d) Pendant leur enfance, les jeunes Français, encouragés par leurs parents, lisent beaucoup. → *paragraphe* **1**

**1 le paragraphe** Abschnitt  **2 le coup de cœur** Lieblings-

**2 a** Pour vous préparer à l'examen blanc, lisez d'abord la question 5, p. 71.

**b** Trouvez dans l'article le paragraphe ou les lignes qui vous aident à y répondre. Surlignez les informations qui répondent à la question 5, p. 71. Beispiellösung auf der CD-Extra

**c** Qu'est-ce que vous devez éliminer/ajouter pour formuler une réponse correcte? Écrivez votre réponse.

**3** Entraînez-vous à la version. Traduisez ces phrases en allemand. Beispiellösung auf der CD-Extra

1. a) Quand je lis un roman, je m'entraîne à l'orthographe et je fais des progrès en français.
   b) Quand j'ai lu ce roman l'été dernier, je me suis entraîné à l'orthographe et j'ai fait des progrès en français.

2. a) C'est pourquoi cela devient de plus en plus difficile de lire une histoire en entier.
   b) Pourquoi est-ce que cela devient plus difficile de lire une histoire en entier?

3. a) Depuis que je suis en quatrième, j'ai beaucoup de devoirs.
   b) Depuis que je suis en quatrième, j'ai beaucoup plus de devoirs qu'avant.

4. a) Autrefois, on disait aux jeunes de toujours commencer un livre par la première page.
   b) Autrefois, on disait que les jeunes commençaient toujours un livre par la première page.

## Examen blanc

**15 POINTS**

### Le plaisir de lire en danger?

Le marché de la littérature de jeunesse en France est un marché qui fonctionne bien. Il y a chaque année sur le marché plus de nouveaux livres pour le jeune public que l'année précédente. Les parents achètent volontiers à leurs enfants un livre parce que lire est, pour la plupart des adultes, une activité pédagogique. Quand on lit on apprend l'orthographe, on fait des progrès en expression, on apprend des choses nouvelles. «Je suis toujours d'accord pour acheter un livre», raconte Christine, mère de deux enfants. «Je suis contente que mes enfants aient envie de lire». Les jeunes Français lisent donc beaucoup jusqu'à la fin de l'école primaire: 33,5% des enfants de moins de 11 ans lisent tous les jours pour leur plaisir. Mais à 13 ans, ce ne sont plus que 18% des enfants qui lisent chaque jour, 14% à 15 ans et 9% à 17 ans.

À l'âge où les jeunes s'éloignent de leurs parents, ils s'éloignent donc aussi souvent de la lecture. En effet, les jeunes qui sont de plus en plus obligés de lire pour l'école n'ont pas forcément envie de lire encore pour leur plaisir. Pour Thomas, 16 ans, la lecture, c'est bien, mais les copains, c'est encore mieux: «Depuis que je suis en quatrième, j'ai beaucoup de devoirs! Alors, pendant mon temps libre, je préfère sortir ou chatter avec mes copains plutôt que prendre un livre. Pourtant, j'adore lire, mais pas les romans. Je lis des bédés, surtout des mangas. J'en ai des tas à la maison, mes copains aussi. C'est super, comme ça on se les prête.»

Emma, 15 ans, voit les choses autrement. Pour elle, lire permet aussi d'échanger beaucoup de choses avec d'autres jeunes qui sont des lecteurs comme elle! «J'adore lire, mais c'est vrai que dans ma classe, je ne suis pas toujours bien intégrée. Les autres me traitent d'intello parce que j'ai toujours un livre avec moi, c'est nul. Heureusement, il y a mon blog. Là, je peux donner mes idées sur les romans que je lis. Et c'est toujours intéressant de découvrir les commentaires des autres internautes. Grâce à Internet, j'ai trouvé des gens qui partagent ma passion.»

Pour la sociologue Sylvie Octobre, les jeunes ne lisent pas moins quantitativement. C'est leur manière de lire qui a changé: «Autrefois, on disait aux jeunes de commencer un livre par le début et de finir par la fin. Ce n'est plus le cas. Les jeunes ont grandi avec le Web et ils ont de nouvelles habitudes de lecture. En effet, sur Internet, on clique et on peut décider à tout moment de ce qu'on veut lire et de ce qu'on veut laisser de côté. C'est pourquoi, pour les jeunes, cela devient de plus en plus difficile de lire une histoire en entier.»

**4** Lisez le texte p. 70 et répondez aux questions en cochant (x) la bonne réponse et en écrivant les informations demandées.

1. Le texte parle surtout     *1 POINT*
   - [ ] des dangers de la lecture.
   - [ ] des meilleurs livres pour la jeunesse.
   - [x] des habitudes de lecture chez les ados.

2. En France, on publie de moins en moins de livres pour les jeunes.     *1,5 POINT*
   Vrai: [ ]  Faux: [x]  Justification: (l. 3–6) Il y a chaque année sur le marché plus de nouveaux livres pour le jeune public que l'année précédente.

3. À quelle époque de leur vie est-ce que les jeunes lisent le plus?     *2 POINTS*
   À l'école primaire / jusqu'à 11 ans

4. D'après l'article, les collégiens     *1 POINT*
   - [ ] n'ouvrent plus de livre.
   - [x] n'aiment plus la lecture.
   - [ ] découvrent le plaisir de lire.

5. Pourquoi est-ce que les collégiens perdent le goût de la lecture?     *2 POINTS*
   Les collégiens perdent le goût de la lecture parce qu'ils sont de plus en plus obligés de lire pour le collège.

6. Pendant son temps libre, Thomas préfère les rencontres avec ses amis à la lecture.     *1,5 POINT*
   Vrai: [x]  Faux: [ ]  Justification: (l. 22–23) Pour Thomas, 16 ans, la lecture, c'est bien mais les copains, c'est mieux.

7. Emma     *1 POINT*
   - [ ] n'aime pas les livres qu'on lit en classe.
   - [x] ne se sent pas toujours bien en classe.
   - [ ] ne se sent pas toujours bien sur son blog.

8. Les jeunes de sa classe adorent Emma parce qu'elle lit beaucoup.     *1,5 POINT*
   Vrai: [ ]  Faux: [x]  Justification: (l. 34–35) Les autres me traitent d'intello parce que j'ai toujours un livre avec moi, c'est nul.

9. Emma utilise Internet pour échanger avec d'autres lecteurs son avis sur des livres qu'elle a lus.     *1,5 POINT*
   Vrai: [x]  Faux: [ ]  Justification: (l. 39–40) Grâce à Internet, j'ai trouvé des gens qui partagent ma passion.

10. D'après Sylvie Octobre, les jeunes     *1 POINT*
    - [ ] adorent toujours lire.
    - [ ] lisent moins qu'autrefois.
    - [x] lisent différemment.

11. À cause d'Internet, les ados     *1 POINT*
    - [ ] ne savent plus lire mais juste cliquer.
    - [x] ne finissent pas toujours les livres qu'ils lisent.
    - [ ] connaissent déjà la fin des livres.

# Production écrite

## Écrire dans un forum 1

### S'entraîner à l'examen blanc

**1** Pour commencer et finir un texte dans un forum, il vous faut certaines phrases. Reliez chaque phrase à la catégorie qui lui correspond. ▶ Méthodes, p. 124/I

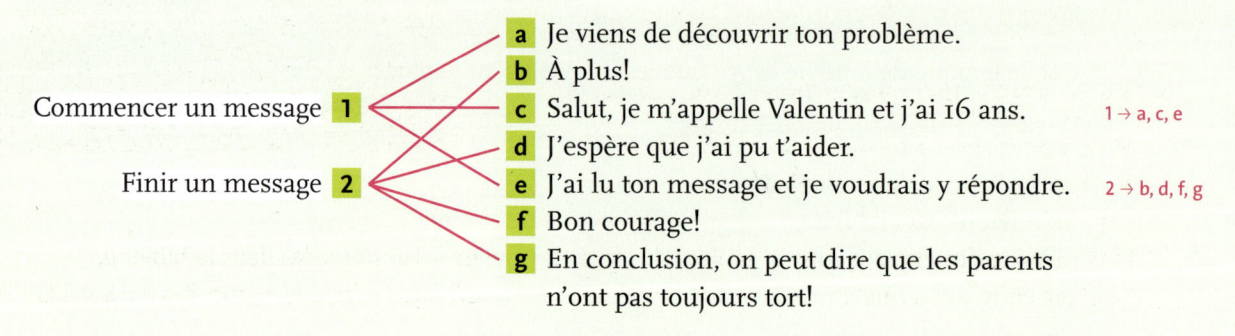

Commencer un message **1**
Finir un message **2**

- **a** Je viens de découvrir ton problème.
- **b** À plus!
- **c** Salut, je m'appelle Valentin et j'ai 16 ans.
- **d** J'espère que j'ai pu t'aider.
- **e** J'ai lu ton message et je voudrais y répondre.
- **f** Bon courage!
- **g** En conclusion, on peut dire que les parents n'ont pas toujours tort!

1 → a, c, e
2 → b, d, f, g

**2 a** Pour répondre dans un forum, vous devez écrire un texte argumenté. Retrouvez l'ordre logique de l'argumentation. Notez les mots dans la colonne de gauche. ▶ Méthodes, p. 124/I.

donner des conseils   dire mon opinion   réagir   parler de mon expérience personnelle

| | | |
|---|---|---|
| 1. | réagir | c Je te comprends. |
| 2. | dire mon opinion | i À mon avis, les parents veulent avoir plus confiance en nous. |
| | | e C'était vraiment nul! |
| 3. | parler de mon expérience personnelle | a Mes parents aussi voulaient tout contrôler. |
| | | f Moi aussi, j'ai eu ce problème. |
| | | g Maintenant, je parle plus souvent à mes parents. |
| 4. | donner des conseils | b Tu devrais montrer à tes parents que tu n'as pas besoin d'alcool pour t'amuser. |
| | | d Est-ce que tu as déjà essayé de discuter avec tes parents? |
| | | h Il ne faut pas commencer à réviser au dernier moment. |

**b** Lisez les phrases et notez-les dans la bonne catégorie du tableau de **a**. ▶ Méthodes, p. 124/I

- **a** Mes parents aussi voulaient tout contrôler.
- **b** Tu devrais montrer à tes parents que tu n'as pas besoin d'alcool pour t'amuser.
- **c** Je te comprends.
- **d** Est-ce que tu as déjà essayé de discuter avec tes parents?
- **e** C'était vraiment nul!
- **f** Moi aussi, j'ai eu ce problème.
- **g** Maintenant, je parle plus souvent à mes parents.
- **h** Il ne faut pas commencer à réviser au dernier moment.
- **i** À mon avis, les parents veulent avoir plus confiance en nous.

**3** Pour faire des phrases complexes, vous pouvez utiliser *ce qui* et *ce que / ce qu'*. Complétez le texte.

> ... *ce qui* + (Objektpronom) + Verb
> ... *ce que* + Subjekt + Verb

_____Ce qui_____ m'énerve chez mes parents, c'est qu'ils ne me comprennent pas. Je dois toujours faire _____ce qu'_____ ils veulent. Pour eux, l'école, c'est _____ce qui_____ est important et le reste ne compte pas. Ils veulent toujours savoir _____ce que_____ je fais avec mes potes. _____Ce que_____ je déteste le plus, c'est quand ma mère dit qu'elle sait _____ce qui_____ est bon pour moi! Tu trouves ça normal, toi?

**4** Dans chacune des phrases suivantes, il y a des fautes. Trouvez-les et notez-les dans le tableau. Puis, corrige-les. Vous pouvez utiliser le *Fehlerfahnder*. ▶ www.cornelsen.de/webcodes ATOI-4-125

1. Si tu parles calme, ils te comprendront.
2. Tu leur pourrais aussi parler de tes sentiments.
3. Quand je suis en troisième, j'ai eu le même problème comme toi.
4. Pourquoi est-ce que tu as ne pas expliqué la situation à tes parents?
5. Je ne peux pas toujours faire qu'est-ce que mes parents veulent!

| Fehlerkategorie | Fehler im Satz | Berichtigung |
|---|---|---|
| Hast du die richtige Zeit verwendet: Vergangenheit, Gegenwart, Zukunft? | 1<br>3 | 1. Si tu parles calmement, ... ils te comprendront.<br>3. Quand j'étais en troisième, ... |
| Hast du Adjektive und Adverbien richtig verwendet? | 1 | 1. Si tu parles calmement, ... |
| Hast du das richtige Relativpronomen gewählt? | 5 | 5. Je ne peux pas toujours faire ce que ... |
| Stehen die Verneinungswörter an der richtigen Stelle? | 4 | 4. Pourquoi est-ce que tu n'as pas expliqué ... |
| Steht das Objektpronomen an der richtigen Stelle? | 2 | 2. Tu pourrais aussi leur parler de tes sentiments ... |
| Hast du die richtige Konjunktion verwendet? | 3 | 3. ... j'ai eu le même problème que toi. |

# Examen blanc

**25 POINTS**

**5** Vous surfez sur Internet et vous trouvez ce commentaire sur un forum dans lequel les jeunes parlent de leurs problèmes. *Beispiellösung auf der CD-Extra*

> **Au secours!**
> Je m'appelle Matéo, j'ai presque 16 ans et suis en troisième. Mes parents ne me laissent pas sortir comme je veux! Ils ont peur parce que j'ai le brevet à la fin de l'année. En plus, ils pensent que les jeunes boivent trop! Qu'est-ce que je peux leur dire? Est-ce que vous avez le même problème?

Vous répondez à Matéo. Vous lui parlez de votre *expérience personnelle* et lui donnez *des conseils pour convaincre ses parents*. Vous essayez aussi de le *motiver pour l'école*. Écrivez un texte construit[1] et cohérent[2] (160 à 180 mots).

Travaillez avec la liste, p. 97.

**1 construit/e** strukturiert  **2 cohérent** zusammenhängend

# Écrire dans un forum 2

## S'entraîner à l'examen blanc

**1** Pour écrire un texte dans un forum, vous devez pouvoir donner votre opinion et des conseils. Complétez le tableau avec les expressions. ▶ Livre, p. 124/I

**a** je pense que  **b** à ta place  **c** je ne pense pas que  **d** à mon avis
**e** tu pourrais  **f** je ne comprends pas pourquoi  **g** je te conseille  **h** pour moi
**i** c'est vrai que  **j** d'un côté … mais de l'autre  **k** tu devrais

| | |
|---|---|
| **donner son opinion** | a je pense que / c je ne pense pas que / d à mon avis / f je ne comprends pas pourquoi / h pour moi / i c'est vrai que / j d'un côté … mais de l'autre |
| **donner des conseils** | b à ta place / e tu pourrais / g je te conseille / k tu devrais |

**2** Pour rendre votre argumentation plus logique, vous devez utiliser des mots de transition (Bindewörter). Complétez le texte.

même si   en conclusion   en effet   après
en plus   d'abord   c'est pourquoi   comme ça

> Ce n'est pas facile de choisir une formation pour plus tard. **En effet**, tu es jeune et tu n'as pas encore beaucoup d'expérience. **En plus**, les métiers qui sont à la mode aujourd'hui ne le seront peut-être plus demain. **C'est pourquoi** tu devrais prendre ton temps pour réfléchir encore un peu! **Même si** cela ne plaît pas à tes parents, c'est important! **En conclusion**, voilà mes conseils: **d'abord**, renseigne-toi. **Après**, fais des stages! **Comme ça**, tu trouveras sûrement quelque chose qui te plaît. Bonne chance!

**3 a** Quand utilisez-vous le conditionnel présent? Surlignez. ▶ Repères, p. 22/1

Hypothèse   Zweifel   Vergleich   Wunsch   Ablehnung   Meinung
Ratschlag   Zustimmung   Vorschlag

**b** Complétez les phrases avec les verbes au conditionnel présent. Puis, trouvez pour chaque phrase la catégorie de **a** qui lui correspond. ▶ Repères, p. 22/1

1. À ta place, je __parlerais__ (sprechen) à mes parents et je leur __expliquerais__ (erklären) mon problème. → __Ratschlag__

2. Pourquoi est-ce que tu ne __ferais__ (machen) pas un stage dans une boulangerie? → __Vorschlag__

3. On __voudrait__ (wollen) avoir plus de choix! → __Wunsch__

4. Sans formation, j'__aurais__ (haben) sûrement plus de difficultés pour gagner ma vie plus tard. → __Hypothèse__

5. Est-ce que tu t'__engagerais__ (sich engagieren) pour l'environnement? → __Wunsch__

**c** Traduisez les phrases de **b**.   Beispiellösung auf der CD-Extra

**4** Il y a des fautes dans la lettre de Sonia. Notez-les dans le tableau et corrigez-les. Vous pouvez utiliser le *Fehlerfahnder*.
▶ www.cornelsen.de/webcodes ATOI-4-125

1. Je sais que je doit travailler à l'école pour avoir des notes bons.
2. C'est dur et c'est pourquoi je voudrais partir après le examen.
3. Il faut que je prends ma temps.
4. Malheureusement, ma mère ne veut pas que je vais à l'étranger.

| Fehlerkategorie | Fehler im Satz | Berichtigung |
|---|---|---|
| Passen die Begleiter zu den Nomen? | 3 | 3. mon temps |
| Hast du den *Subjonctif* verwendet, wenn nötig? | 3 | 3. Il faut que je prenne … |
| | 4 | 4. … ne veut pas que j'aille … |
| Hast du an die Apostrophe gedacht? | 2 | 2. … l'examen… |
| Passen Subjekt und Verbformen zusammen? | 1 | 1. … je dois … |
| Passen die Adjektive zu den Nomen? Müssen sie vor oder nach dem Nomen stehen? | 1 | 1. … avoir des bonnes notes. |

**Examen blanc** | **25 POINTS**

**5** Vous surfez sur Internet et vous trouvez ce commentaire sur un forum dans lequel les jeunes parlent de leur avenir.

> **Salut tout le monde!**
> Je m'appelle Leila et j'ai 15 ans. Je n'ai pas le moral! Je ne sais pas quoi faire plus tard.
> J'ai déjà fait un stage dans une pâtisserie et un autre dans une maternelle. Ça ne m'a pas plu! Qu'est-ce que je peux faire pour y voir plus clair? Aidez-moi si vous avez des idées!

Vous répondez à Leila. Vous lui parlez d'*un stage que vous avez fait* et vous lui donnez *des conseils*. Écrivez aussi *ce que vous allez encore faire* pour avoir plus d'idées pour votre avenir professionnel. Écrivez un texte construit et cohérent (160 à 180 mots).   Beispiellösung auf der CD-Extra

# Écrire un article

## S'entraîner à l'examen blanc

**1 a** Vous voulez écrire un article sur une expérience que vous avez faite pour le journal du collège. Pour commencer votre article, il vous faut une introduction. Faites au moins trois phrases.

| Je voudrais<br>Mon article<br>___ | présenter<br>parler de<br>expliquer<br>décrire<br>___ | une association<br>un projet<br>les actions<br>mon engagement<br>___ | où<br>qui<br>que<br>pour | je<br>ma classe<br>___ | s'engager<br>exister<br>créer<br>aider<br>l'environnement.<br>___ | depuis longtemps.<br>dans mon quartier.<br>les gens qui ___.<br>___. |

1. Je voudrais présenter un projet que ma classe a créé dans mon quartier.
2. Mon article parle d'une association où je m'engage deux fois par semaine.
3. Mon article décrit mon engagement pour une ville propre.

**b** À la fin de votre article, vous voulez inviter le lecteur à s'informer davantage[1]. Faites au moins trois phrases.   [1] *davantage* mehr

| Vous<br>Les lecteurs qui<br>Est-ce que mon article | vouloir<br>avoir envie de<br>permettre à<br>___ | découvrir<br>plus d'informations?<br>s'engager<br>les jeunes | d'autres projets<br>pour cette association<br>de réfléchir<br>___ | ___.<br>___? |

1. Vous voulez plus d'informations?
2. Les lecteurs qui ont envie de découvrir d'autres projets de l'association peuvent consulter le site Internet: www.epiceriesolidaire.fr
3. Vous avez envie de vous engager activement?
4. Est-ce que mon article permettra aux jeunes de réfléchir?

**2 a** Votre article parle de votre engagement dans une association. Vous écrivez un texte structuré où vous donnez des informations importantes (Hauptgedanken) et des détails (Nebengedanken). Retrouvez pour chaque phrase la catégorie qui lui correspond. Notez les phrases dans le tableau.

Hauptgedanken
a) J'ai aidé la mère de ma corres.
b) Je suis content/e d'avoir fait cette expérience.
c) Maintenant, je réfléchis à ce que je veux faire plus tard.
d) Il s'agit d'une épicerie solidaire.

Nebengedanken
e) Je veux faire un métier utile plus tard.
f) Tout le monde était gentil avec moi.
g) Je travaillerai plus tard dans le domaine social.
h) La nourriture et les boissons y sont moins chères.
i) J'aimerai m'engager au service des autres.
j) Ça a été un peu comme un stage pour moi.
k) La plupart des personnes qui y travaillent sont bénévoles.
l) J'ai aidé à préparer des repas.
m) J'ai bien aimé l'ambiance du magasin.
n) On y offre des repas simples et des sandwichs aux gens.
o) J'ai rangé des produits sur les étagères.

| Abschnitte | Hauptgedanken | Nebengedanken |
|---|---|---|
| 1. Vous présentez l'association. | d Il s'agit d'une épicerie solidaire. | h La nourriture et les boissons y sont moins chères. <br> n On y offre des repas simples et des sandwichs aux gens. <br> k La plupart des personnes qui y travaillent sont bénévoles. |
| 2. Vous parlez de vos expériences. | a J'ai aidé la mère de ma corres. | o J'ai rangé des produits sur les étagères. <br> l J'ai aidé à préparer des repas. <br> j Ça a été un peu comme un stage pour moi. |
| 3. Vous parlez de vos émotions et sentiments. | b Je suis content/e d'avoir fait cette expérience. | m J'ai bien aimé l'ambiance du magasin. <br> f Tout le monde était gentil avec moi. |
| 4. Vous parlez de l'avenir. | c Maintenant, je réfléchis à ce que je veux faire plus tard. | e Je veux faire un métier utile plus tard. <br> i J'aimerais m'engager au service des autres. <br> g Je travaillerai dans le domaine social plus tard. |

**b** Imaginez et notez deux autres phrases pour chaque catégorie. ▶ Les mots pour le dire, p. 205–206

1. Notre association offre des services aux gens du quartier. Beaucoup de gens viennent chaque jour.
2. J'ai trié des vêtements. Avec ma copine, on a rangé la nourriture dans les frigos.
3. L'ambiance était super sympa! J'ai rencontré des gens formidables.
4. Plus tard, je voudrais m'engager. Maintenant, j'ai des idées pour choisir un métier. Cette expérience m'a aidé/e à réfléchir sur mon avenir.

**3 a** Pour raconter un événement ou les expériences que vous avez faites, vous devez utiliser des expressions de temps (Zeitangaben). Reliez chaque expression à sa traduction.

| | | |
|---|---|---|
| während der Ferien **1** | **a** avant | 1 → e |
| jeden Tag **2** | **b** le premier jour | 2 → f |
| vor **3** | **c** souvent | 3 → a |
| am ersten Tag **4** | **d** un jour | 4 → b |
| oft **5** | **e** pendant les vacances | 5 → c |
| eines Tages **6** | **f** tous les jours | 6 → d |

**b** Maintenant, complétez le texte.

Cette année, __pendant les vacances__, j'__ai aidé__ (aider) la mère de ma corres dans l'épicerie solidaire de notre quartier. __Avant__ mon séjour chez eux, ma corres m'__a/avait__ beaucoup __parlé__ (parler) de cette association. __Le premier jour__, j'__ai été / étais__ (être) heureuse de découvrir enfin ce magasin. Cette expérience __a duré__ (durer) un mois. __Tous les jours__, je/j' __triais / ai trié__ (trier) les fruits et légumes. Je suis une vraie spécialiste, maintenant! __Souvent__, j'__aidais / ai aidé__ (aider) aussi à servir les repas. __Un jour__, une jeune femme nous __a raconté__ (raconter) son histoire qui __était__ (être) vraiment triste.

**c** Maintenant, complétez le texte de **b** avec les verbes conjugués à l'imparfait ou au passé composé.

| *imparfait* | *passé composé* |
|---|---|
| → Du kommentierst ein Ereignis<br>→ Du beschreibst die Umstände<br>→ Du beschreibst eine Person<br>→ Du erzählst von früher<br>in der Vergangenheit. | → Du schilderst eine Aktion in der Vergangenheit.<br>→ Du berichtest von einer Kette von Ereignissen in der Vergangenheit. |

**4** Il y a des fautes dans les phrases suivantes. Notez-les dans le tableau et corrigez-les. Vous pouvez utiliser le *Fehlerfahnder*. ▶ www.cornelsen.de/webcodes ATOI-4-125

1. On trouve des épiceries solidairement dans les villes grands. Les gens qui travaillent sont des bénévoles.
2. Les gens qui venent là sont pauvres. Dans l'épicerie, on accepte les et on parle ils.
3. J'ai travaillé avec la mère de ma corres dans une épicerie solidaire. Tous les jours, j'aidais elle à préparer des sandwichs.

4. – Est-ce qu'il y a beaucoup de gens pauvres?
   – Oui, il y a de plus en plus.
5. Il y a beaucoup de gens pauvres. Pour ils, l'épicerie solidaire est importante.
6. C'est certain dur parfois.

| Fehlerkategorie | Fehler im Satz | Berichtigung |
|---|---|---|
| Hast du das richtige Objektpronomen verwendet? Steht es an der richtigen Stelle? | 2<br>3 | 2. … on les accepte et on leur parle.<br>3. … je l'aidais à préparer des sandwichs. |
| Hast du das richtige betonte Pronomen nach einer Präposition verwendet? | 5 | 5. Pour eux, l'épicerie solidaire… |
| Hast du die Pronomen *y* und *en* richtig verwendet? | 1<br>4 | 1. Les gens qui y travaillent sont des bénévoles.<br>4. Oui, il y en a de plus en plus. |
| Hast du Adjektive und Adverbien richtig verwendet? | 1<br>6 | 1. … des épiceries solidaires<br>6. C'est certainement dur … |
| Hast du bei Adjektiven Endungen und Stellung überprüft? | 1 | 1. … dans les grandes villes. |
| Hast du die Verben richtig konjugiert? | 2 | 2. Les gens qui viennent … |

## Examen blanc

**25 POINTS**

**5** Vous passez trois mois en France. La mère de votre corres travaille comme bénévole dans une épicerie solidaire où les gens qui n'ont pas beaucoup d'argent peuvent faire leurs courses. Vous l'aidez souvent dans ce magasin. Le journal du collège publie régulièrement des articles sur des associations. C'est à vous d'écrire l'article pour le prochain numéro.
Écrivez un article construit et cohérent (160 à 180 mots). *Présentez l'association, parlez des expériences que vous avez faites et de vos impressions. Dites aussi si cette expérience aura une influence*[1] *sur vos projets futurs.*

Beispiellösung auf der CD-Extra

1 une influence Einfluss

# Écrire une lettre

## S'entraîner à l'examen blanc

**1** Pour que votre lettre soit convaincante, il faut qu'elle soit structurée. Notez les phrases dans la catégorie qui correspond. ▶ Méthodes, p. 122–123

> a Le résultat, c'est qu'ils sont souvent en retard pour les cours de l'après-midi.
> b Ouverture d'une cafétéria dans le hall du collège
> c Respectueuses salutations, les délégués
> d Ayez confiance en nous, s'il vous plaît, et soutenez notre projet.
> e Nous, les délégués du collège, pensons que la création d'une cafétéria au collège est importante.
> f Corte, le 24 mars 2016
> g Les délégués du collège Jules Ferry
> h Monsieur le Directeur
> i L'ouverture d'une cafétéria dans le hall du collège offrirait une solution à ce problème.
> j En effet, faire la queue à la cantine à midi est stressant.
> k Nous pouvons dès maintenant vous présenter notre plan d'aménagement[1] du hall.
> l C'est pourquoi les élèves préfèrent aller en ville pour s'acheter un sandwich.

1 le plan d'aménagement  Einrichtungsplan

| | |
|---|---|
| **Absender** | Les délégués du collège Jules Ferry |
| **Empfänger** | Monsieur le Directeur |
| **Datum und Ort** | Corte, le 24 mars 2016 |
| **Betreff** | Ouverture d'une cafétéria dans le hall du collège |
| **Einleitung** | Nous, les délégués du collège, pensons que la création d'une cafétéria au collège est importante. |
| **Anliegen / Beschreibung des Problems** | En effet, faire la queue à la cantine à midi est stressant. C'est pourquoi les élèves préfèrent aller en ville pour s'acheter un sandwich. Le résultat, c'est qu'ils sont souvent en retard pour les cours de l'après-midi. L'ouverture d'une cafétéria dans le hall du collège offrirait une solution à ce problème. Nous pouvons dès maintenant vous présenter notre plan d'aménagement du hall. |
| **Vorschlag/Bitte** | Ayez confiance en nous, s'il vous plaît, et soutenez notre projet. |
| **Schlussformel und Unterschrift** | Respectueuses salutations, les délégués |

**2** Pour rendre votre lettre plus vivante, utilisez des adjectifs et des adverbes. Complétez les phrases avec l'adjectif ou l'adverbe qui convient. Pensez à l'accord de l'adjectif.

> responsable   directement   libre   rapidement   important   normalement
> tranquillement   motivé   activement   fier

1. Que faisaient les élèves quand ils avaient du temps ___libre___ à midi?
2. ___Normalement___, ils allaient en ville pour s'acheter à manger.
3. Quand nous aurons une cafétéria, les élèves pourront y aller ___directement___, acheter ___rapidement___ un sandwich et le manger ___tranquillement___.
4. Les élèves qui y travailleront seront très ___motivés___ parce que cette cafétéria est ___importante___ pour eux.
5. Les élèves qui en seront ___responsables___ seront très ___fiers___ de pouvoir participer ___activement___ à la vie du collège.

**3** Il y a des fautes dans les phrases suivantes. Notez-les dans le tableau et corrigez-les. Vous pouvez utiliser le *Fehlerfahnder*.
▶ www.cornelsen.de/webcodes ATOI-4-125

1. Dans une cafétéria, l'ambiance est plus agréable <u>comme</u> à la cantine.
2. Il y a <u>moins en moins</u> élèves qui aiment faire la queue à midi.
3. Nous voulons <u>à la maison des gâteaux préparer</u>.
4. Maintenant, on se connaît <u>plus bien</u>.
5. Les élèves pourraient <u>sacheter</u> un sandwich en ville.
6. Nous rentrons d'une réunion de <u>delegues</u>.
7. À ta place, je <u>êtrais</u> pour ce projet et j'<u>avrais</u> envie d'y participer.

| Fehlerkategorie | Fehler im Satz | Berichtigung |
|---|---|---|
| Hast du den Komparativ richtig verwendet? Stimmt die Steigerungsformel? | 1<br><br>2<br>4 | 1. Dans une cafétéria, l'ambiance est plus agréable qu'à la cantine.<br>2. Il y a de moins en moins d'élèves qui …<br>4. On se connaît mieux. |
| Stimmt die Anordnung der Wörter im Satz? | 3 | 3. Nous voulons préparer des gâteaux à la maison.<br>→ Subjekt – Prädikat – Objekt – Ergänzung |
| Hast du an die Apostrophe und die *accents* gedacht? | 5<br>6 | 5. Les élèves pourrait s'acheter un sandwich …<br>6. … une réunion de délégués |
| Stimmen die unregelmäßigen Konditionalformen von *avoir* und *être*? | 7 | 7. À ta place, je serais …. et j'aurais envie d'y participer. |

# Examen blanc

**25 POINTS**

**4** Vous passez une année scolaire en France. Depuis quelques temps, vous vous engagez pour la création d'une cafétéria dans votre collège. Vous écrivez une lettre au directeur au nom de tous les élèves. Vous **expliquez** *pourquoi vous avez besoin d'une cafétéria* **et** *comment vous vous organiserez*. **Écrivez un texte construit et cohérent (160 à 180 mots).**

Arnaud Enderlin
Représentant des délégués de classe du collège Jules Ferry
Collège Jules Ferry
34, rue des Abeilles
31000 Nîmes

Monsieur le Principal Jacques Tardy
Lycée Jules Ferry
34, rue des Abeilles
31000 Nîmes                                                    Nîmes, le 09 novembre 2015

Objet : création d'une cafétéria dans le collège

Monsieur,

Nous venons de rentrer d'une réunion des délégués de classe. Nous y avons parlé du projet de création d'une cafétéria au collège et nous voulons renouveler notre demande.

Nous, délégués de classe du collège, pensons qu'une cafétéria est importante pour plusieurs raisons. Premièrement, il y a de moins en moins d'élèves qui aiment faire la queue devant la cantine à midi. Dans une cafétéria, ils pourraient s'acheter rapidement un sandwich ou une salade et s'installer pour manger tranquillement. Deuxièmement, il y a de plus en plus d'ateliers le mercredi après-midi. Or, le mercredi, il n'y a pas de cantine au collège. Normalement, les élèves vont en ville pour s'acheter un sandwich. Souvent, ils arrivent alors en retard aux ateliers. Si on ouvre une cafétéria au collège, ces élèves pourront y aller directement et ne seront plus en retard. Ensuite, une cafétéria pourrait offrir aux élèves la possibilité de participer plus activement à la vie du collège parce que plusieurs élèves devront servir à midi. Enfin, dans une cafétéria, l'ambiance est plus agréable que dans une cantine. La cafétéria deviendrait un endroit où on se rencontre. Alors, les élèves auraient la chance de mieux se connaître. Vous allez dire que c'est difficile à organiser. C'est vrai, mais nous sommes motivés. Nous voulons préparer des gâteaux à la maison et les vendre pendant les récréations. Avec l'argent gagné, nous pourrons acheter de la vaisselle. Et nous avons trouvé un sponsor qui veut nous donner des tables et chaises. Ayez confiance en nous, s'il vous plaît, et réfléchissez à notre projet.

Respectueuses salutations, Arnaud Enderlin

Pièces jointes : compte-rendu de la réunion du 09 novembre 2015, plan d'aménagement de la cafétéria, liste des responsables du service à la cafétéria                    (331 mots)

# Production orale

## Entretien dirigé

**S'entraîner à l'examen**

**1 a** Le but de l'entretien dirigé, c'est de vous présenter. Écoutez le dialogue et notez les expressions que vous entendez.

*Wie wird ...*

1. nach deinen Lieblingsfächern gefragt?
   Parlez-moi de votre école. Quelles sont vos matières préférées?

2. nach den Freizeitaktivitäten gefragt?
   Qu'est-ce que vous faites dans votre temps libre?

3. nach den beruflichen Zukunftsplänen gefragt?
   Quels sont vos projets professionnels? Vous avez déjà une idée précise pour plus tard?

4. nach den letzten Ferien gefragt?
   Pourriez-vous me dire où est-ce que vous avez passé vos dernières vacances?
   Qu'est-ce que vous avez fait?

*So wird gesagt, ...*

1. wo sich der Wohnort befindet:
   C'est dans le sud de la Bavière, entre Munich et le lac de Constance.

2. dass man sich mit seinen Geschwistern gut versteht:
   On s'entend bien tous les trois.

3. dass man sein Zimmer mit seiner Schwester teilt:
   Je dois partager ma chambre avec ma sœur parce que l'appartement n'est pas très grand.

4. wie man seine Schule findet:
   J'aime bien mon collège parce qu'il y a une bonne ambiance, je me sens bien dans ma classe. Et aussi parce que la plupart de mes amies y vont.

5. dass die meisten Freundinnen in die gleiche Schule gehen:
   La plupart de mes amies y vont.

6. welches Gericht man zubereiten kann:
   Je sais faire les spaghettis à la carbonara et plusieurs sortes de salades. Je connais aussi une super recette de gâteau au chocolat.

*7. dass man eine Lehre machen will:*

Je voudrais faire un apprentissage dans un hôtel parce que j'aime être en contact avec les gens.

*8. dass man Ende August an einem Austausch teilgenommen hat:*

Fin août, j'ai participé à un échange avec notre ville jumelée en France, à Quimper.

**b** Écoutez encore une fois et notez cinq expressions que vous pouvez utiliser pour vous présenter.
▶ Transcription dans le Cahier de solutions, p. 27   *Individuelle Lösung*

## Examen blanc

**2** Maintenant, écoutez et présentez-vous.   ▶ Les mots pour le dire, p. 204

# Exercice en interaction

## S'entraîner à l'examen

**1 a** Votre corres aimerait passer le mois de juillet chez vous. Malheureusement, vous n'êtes pas libre parce que vous avez trouvé un job d'été. Votre corres est déçu/e[1]. Vous lui expliquez votre situation et vous cherchez une solution ensemble. Préparez d'abord le dialogue. Utilisez les mots et expressions, p. 97, et jouez-le.   *Beispiellösung auf der CD-Extra*

1 être déçu/e
enttäuscht sein

| Partenaire A ( = le/la corres) | Partenaire B |
|---|---|
| 1. Aujourd'hui, j'achète mon billet[1] pour venir cet été! | 2. Trop cool! Et quand est-ce que tu arrives? |
| 3. Je pourrais être chez toi à partir du 15 juillet. *Was sagst du dazu?* | 4. Le 15 juillet! Ah, il y a un problème **weil** je ne suis pas libre en juillet. |
| 5. Tu n'es pas libre en juillet? Et pourquoi? | 6. Ben, j'ai emprunté de l'argent à ma sœur pour m'acheter un nouveau portable. ***Deshalb*** je dois travailler pour la rembourser[2]. |
| 7. Ah, c'est nul! *Einerseits*, je comprends ta situation *aber andererseits*, je suis dégoûté/e! On voulait faire un tour en vélo ensemble. | 8. *Hör zu*, j'ai peut-être une solution. Mon petit boulot, c'est en juillet. *Dagegen* en août, j'aurai le temps. *Also*, tu pourrais venir à ce moment-là. |
| 9. *Weißt du, dass* ce n'est pas bête, ça? *Übrigens*, ça me donne une idée. | 10. *Was meinst du?* |
| 11. *Vielleicht* je vais aussi chercher un petit boulot en juillet. *So*, j'aurai plus d'argent de poche pour les vacances. | 12. Super idée! |

**1 un billet** Fahrkarte  **2 rembourser qn** *hier:* jdm Geld zurückzahlen

**b** Maintenant, échangez les rôles et recommencez. Nouveau problème de B: vos parents veulent que vous partiez avec eux en vacances en juillet. Prenez le dialogue de **a** comme modèle.   *Beispiellösung auf der CD-Extra*

**2** Pendant un séjour à Paris, vous visitez le musée d'Orsay. Vous sortez du musée et remarquez un peu plus tard que vous y avez oublié votre sac. Vous retournez au musée et expliquez votre problème à l'employé/e. Préparez le dialogue et jouez. Puis, échangez les rôles.
▶ Fiche d'expression orale, p. 114/B;
▶ Les mots pour le dire, p. 213/33

| Partenaire A | Partenaire B |
|---|---|
| 1. Sage höflich, dass du glaubst, dass du deine Tasche im Museum verloren hast. *(perdre)* | (A: Excusez-moi, Madame/Monsieur. Je crois que j'ai perdu mon sac dans le musée.) |
| (B: Bonjour. Quel jour / Quand est-ce que ça s'est passé?) | 2. Begrüße **A** und frage, an welchem Tag es passiert ist. *(se passer)* |
| 3. Sage, dass du heute Nachmittag das Museum besichtigt hast und vor einer halben Stunde gegangen bist. *(en sortir – il y a – une demi-heure)* | (A: J'ai visité le musée cet après-midi et j'en suis sorti/e il y a une demi-heure.) |
| (B: Est-ce que vous vous souvenez où vous avez laissé votre sac?) | 4. Frage, ob **A** sich erinnert, wo er/sie seine/ihre Tasche liegen gelassen hat. *(se souvenir – laisser)* |
| 5. Sage, dass du dir nicht sicher bist, ob du sie im dritten Stock vergessen hast. Sage, dass du dabei warst, ein Gemälde von Monet zu bewundern, als plötzlich dein Handy geklingelt hat. Sage, dass du also die Tasche hingestellt hast, um zu telefonieren und sie vielleicht in diesem Saal vergessen hast. *(être sûr/e – être en train de – admirer un tableau – poser – oublier)* | (A: Je n'en suis pas sûr/e mais je l'ai peut-être oublié au troisième étage. J'étais en train d'admirer un tableau de Monet quand tout à coup mon portable a sonné. Alors, j'ai posé mon sac pour téléphoner. Je l'ai peut-être oublié dans cette salle.) |
| (B: Ça peut arriver quand on ne fait pas attention.) | 6. Sage, dass so etwas passieren kann, wenn man nicht aufpasst. *(arriver – faire attention)* |
| 7. Frage, was du jetzt unternehmen sollst. | (A: Qu'est-ce que je fais, maintenant?) |
| (B: Je vais me renseigner. Il est comment, votre sac?) | 8. Sage, dass du dich erkundigen wirst. Frage, wie die Tasche aussieht. *(se renseigner – comment)* |
| 9. Sage, dass es eine kleine blaue Tasche mit einem Eiffelturm darauf ist. | (A: C'est un petit sac bleu avec une Tour Eiffel.) |
| (B: Et qu'est-ce qu'il y a dans votre sac?) | 10. Frage, was in der Tasche ist. *(il y a)* |
| 11. Sage, dass dein neues Handy, dein Personalausweis und ein bisschen Geld in der Tasche sind. *(carte d'identité)* | (A: Dans mon sac, il y a mon nouveau portable, ma carte d'identité et un peu d'argent.) |
| (B: Eh bien, on l'a trouvé. Le voilà. Et faites attention la prochaine fois!) | 12. Sage, dass die Tasche gefunden wurde und zeige sie. Sage, dass **A** das nächste Mal aufpassen soll. *(trouver – la prochaine fois)* |
| 13. Bedanke dich und verabschiede dich höflich. | (A: Merci Madame/Monsieur et au revoir.) |

## 3

Vous faites un tour à vélo avec des amis en France. Comme la ville de Dijon vous plaît, vous voulez y rester un peu. Quand vous arrivez à l'auberge de jeunesse le soir, il n'y a malheureusement plus de chambre libre. Vous discutez avec la réceptionniste pour trouver une solution. Préparez le dialogue et jouez-le. Puis, échangez les rôles.

▶ Les mots pour le dire, p. 210/23 et 24, p. 211/25

| Partenaire A | Partenaire B |
|---|---|
| 1. Begrüße die Dame am Empfang und frage, ob ein Dreibettzimmer für zwei Nächte frei ist. | (A: Bonsoir, Madame, nous aimerions une chambre à trois lits pour deux nuits.) |
| (B: Bonsoir. Je suis désolée mais malheureusement, nous sommes complets.) | 2. Begrüße **A** und sage, dass es dir leid tut, ihr aber leider ausgebucht seid. |
| 3. Sage, dass das unmöglich ist. Sage, dass es spät ist und regnet. Frage, was ihr jetzt machen sollt. | (A: Oh, ça ne va pas du tout! Il est tard et il pleut. Qu'est-ce qu'on fait maintenant?) |
| (B: Il y a un petit hôtel à côté qui a peut-être encore de la place. Est-ce que vous voulez que je les appelle pour me renseigner?) | 4. Sage, dass gleich nebenan ein kleines Hotel ist, das vielleicht noch Platz hat. Frage, ob **A** möchte, dass du dort anrufst, um dich zu erkundigen. |
| 5. Sage, dass es sich nicht lohnt, weil die Zimmer sicherlich zu teuer für euch sind. Frage, ob es wirklich hier kein kleines Plätzchen für euch gibt. | (A: Ça ne vaut pas la peine parce que les chambres sont sûrement trop chères pour nous, Madame! Vous n'avez vraiment pas une petite place pour nous ici?) |
| (B: Ça dépend. Il y a encore deux lits dans une chambre à dix lits et un autre lit dans une autre chambre. Donc vous n'allez pas être ensemble.) | 6. Sage, dass es darauf ankommt. Sage, dass es zwei Betten in einem 10er-Zimmer gibt und ein Bett in einem anderen Zimmer. Sage, dass sie also nicht zusammen sein werden. |
| 7. Sage, dass das nichts macht und dass das Wichtigste ist, die Nacht in einem trockenen Ort zu verbringen. | (A: Ça ne fait rien. Le plus important, c'est de passer la nuit dans un endroit sec.) |
| (B: C'est pour une nuit seulement. Demain, je pourrai vous offrir trois lits dans une chambre.) | 8. Sage, dass es nur für eine Nacht ist und dass du ihnen morgen drei Betten in einem Zimmer anbieten kannst. |
| 9. Bedanke dich höflich und sage, dass das sehr nett sei. | (A: Merci, Madame. C'est très gentil.) |
| (B: Donnez-moi votre carte d'identité, s'il vous plaît et inscrivez-vous.) | 10. Verlange den Personalausweis und bitte **A**, sich anzumelden. |
| 11. Frage, wann es Frühstück gibt und bis wieviel Uhr man baden kann. | (A: Quand est-ce qu'on sert le petit-déjeuner et jusqu'à quelle heure est-ce qu'on peut se baigner?) |
| (B: On sert le petit-déjeuner jusqu'à 10 heures et la piscine est fermée après 21 heures.) | 12. Sage, dass das Frühstück bis 10 Uhr serviert wird und dass das Schwimmbad nach 21 Uhr geschlossen ist. |

## 4

Pendant l'examen oral, il faut réagir vite et avoir plein d'idées pour répondre aux questions. Ce n'est pas facile. Alors entraînez-vous: A joue le rôle de l'examinateur/l'examinatrice et pose une question. B réagit et y répond à l'aide des images. A peut l'aider si nécessaire. Puis échangez les rôles. ▶ p. 97

Beispiellösung auf der CD-Extra

### Situation 1

Vous êtes la mère / le père de la famille d'accueil. Vous vous faites du souci parce que le corres de votre enfant ne mange presque rien le soir.

«Tu sais, je me fais du souci parce que tu ne manges rien ou très peu le soir. Qu'est-ce qui ne va pas?»

*Aide pour* **B**: être végétarien/ne – viande – en plus – légumes – manger tard – c'est pourquoi – acheter – donc – ne plus avoir faim

La mère / Le père de votre corres ne comprend pas pourquoi vous mangez peu le soir. Vous lui expliquez ce qui ne va pas. Soyez poli/e.

### Situation 2

Le/La corres de votre fils/fille utilise Internet tard le soir. Vous ne voulez pas qu'il/elle surfe après 21 heures. Vous lui demandez d'éteindre son ordinateur.

«Tu veux bien éteindre ton ordinateur, s'il te plaît. Chez nous, les enfants n'ont pas le droit de surfer après 21 heures.»

*Aide pour* **A**: chez moi – ne pas être pareil – faire ses devoirs – être bien organisé/e pour l'école – après surfer longtemps – et puis – avoir cours toute la journée – entraînement – ne pas avoir de temps libre – c'est pourquoi – chatter le soir

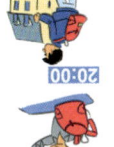

Vous êtes chez votre corres et vous n'avez pas le droit d'utiliser Internet après 21 heures. Vous dites pourquoi vous n'êtes pas d'accord avec cette règle. Soyez poli/e.

### Situation 3

Vous êtes prof de français, en voyage de classe à Paris. Vous expliquez à vos élèves le programme de l'après-midi.

«Alors, écoutez-moi! Cet après-midi, on va visiter des monuments avec un guide. Je vous demande de rester ensemble.»

*Aide pour* **B**: ne pas comprendre – en plus – cher – c'est pourquoi – choisir nous-même – monuments qui nous intéressent – sans le groupe – plus libre – faire une pause

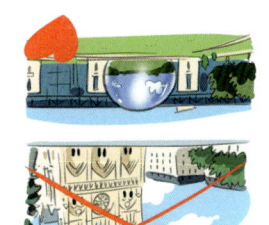

Vous êtes en voyage de classe à Paris. Votre prof a organisé une visite guidée pour toute la classe mais vous préférez visiter Paris en petits groupes avec vos copains. Expliquez-lui poliment pourquoi.

### Situation 4

Vous attendez votre corres devant le cinéma depuis une demi-heure. Vous êtes furieux/-euse parce que le film a déjà commencé. Enfin, il/elle arrive. Vous lui demandez des explications.

«Pourquoi est-ce que tu es en retard? On a raté le début du film, c'est nul!»

*Aide pour* **A**: être désolé/e – jouer à la console – ne pas faire attention à l'heure – faire des courses – quitter la maison – rater le bus

Vous avez rendez-vous au cinéma avec votre corres et vous arrivez en retard. Votre corres n'est pas content/e. Vous lui expliquez ce qui s'est passé.

### Situation 5

Vous faites un échange dans une famille française. Vous avez le mal du pays[1]. Vous en parlez à votre corres.

«Je ne sais pas ce qui se passe. Je me sens tout triste. Je crois que je veux rentrer chez moi.»

*Aide pour* **B**: appeler ses parents – chatter avec ses copains – aller à la piscine – faire du shopping – faire un tour en ville – la Fnac – inviter des potes – organiser une soirée-télé

Votre corres est en échange chez vous. Au bout de quelques jours, vous remarquez qu'il a le mal du pays[1]. Vous essayez de l'aider.

1 avoir le mal du pays Heimweh haben

### Situation 6

Vous avez prêté votre tee-shirt préféré à votre corres. Quand il/elle vous le rend, vous voyez que le tee-shirt est très abîmé[2]. Vous vous énervez.

«Zut! Qu'est-ce qui est arrivé à mon tee-shirt? C'est l'horreur! Je ne vais plus pouvoir le mettre.»

*Aide pour* **A**: avoir faim – acheter un kebab – malheureusement – avoir trop de sauce – après – boire un jus d'orange – pousser le bras – pour finir – jouer au foot – comme pleuvoir hier – être encore trempé

Vous avez emprunté à votre corres son tee-shirt préféré. Quand vous le lui rendez, il est malheureusement très abîmé[2]. Vous vous excusez et vous racontez comment cela s'est passé.

2 abîmé/e beschädigt/verdreckt

**Examen blanc**

**5** Tirez au sort¹ un sujet parmi² les sujets proposés. Vous devez réagir tout de suite et ❗ sans préparation à la situation décrite et parler pendant cinq minutes. ▶ Cartes au milieu du carnet;
▶ Les mots pour le dire, S. 204/1 + 3; S. 205/7; S. 207/11 + 12; S. 208/6   *Individuelle Lösung*

**1 tirer au sort** *hier:* ein Thema ziehen  **2 parmi** unter

# Monologue suivi 1

## S'entraîner à l'examen

**1** Trouvez dans l'article «Plan Vélo», p. 90, le mot français qui correspond à ce mot anglais. Puis notez la ligne et la traduction allemande.

1. economy → l'économie f.        l. 7 = die Wirtschaft
2. measure → la mesure            l. 9 = die Maßnahme
3. to imagine → imaginer          l. 9 = ausdenken
4. ambitious → ambitieux/-euse   l. 9 = ehrgeizig

**2** Qu'est-ce qui va ensemble? Reliez, puis traduisez.

- se déplacer **1** — **a** à faire du vélo — **1d** sich mit dem Fahrrad fortbewegen
- apprendre **2** — **b** du garage — **2a** Fahrrad fahren lernen
- construire **3** — **c** le vélo dans le train — **3f** Fahrradwege bauen
- respecter **4** — **d** à vélo — **4e** auf die Sicherheitsregeln achten
- emmener **5** — **e** les règles de sécurité — **5c** das Fahrrad in den Zug mitnehmen
- sortir le vélo **6** — **f** des pistes cyclables — **6b** das Fahrrad aus der Garage fahren

**3 a** Pour **dire où le texte a paru**, lisez l'article, p. 90, et surlignez sa source. Puis complétez la phrase.

> Pour présenter un texte, vous devez suivre des étapes précises. Entraînez-vous à l'aide de la fiche, p. 118/15, dans votre livre. ✓

L'article a paru dans le journal de la Petite Reine, n° 991b.

**b** Pour **présenter le sujet**, lisez les trois phrases suivantes. Quelle phrase correspond au thème de l'article?

1. Un nouveau projet du gouvernement veut encourager les jeunes à faire plus de sport en ville.
2. <u>Le gouvernement veut lancer un projet pour encourager les gens à se déplacer à vélo.</u>
3. Le nouveau projet du gouvernement «Tout le monde à vélo» est une mesure pour protéger l'environnement.

**c** Pour **résumer les idées principales**, lisez l'article, p. 90. Puis corrigez les erreurs dans les phrases.

1. Faire du vélo ~~n'apporte pas~~ beaucoup d'avantages.

   Faire du vélo apporte beaucoup d'avantages.

2. Le gouvernement veut organiser une semaine d'activités ~~en dehors des écoles~~.

   Le gouvernement veut organiser une semaine d'activités dans les écoles.

3. Pendant la semaine du vélo, les élèves ~~de cinquième feront surtout des tests théoriques~~.

   Pendant la semaine du vélo, les élèves pourront apprendre à faire du vélo.

4. ~~Il y a assez~~ de pistes cyclables.

   On veut construire plus de pistes cyclables.

5. ~~Il sera plus difficile de transporter son vélo dans le TGV~~.

   Les voyageurs pourront transporter leur vélo plus facilement dans le train.

**d** Pour donner votre opinion sur le texte, faites trois phrases.   *Beispiellösung auf der CD-Extra*

| | | | il faut agir | |
| --- | --- | --- | --- | --- |
| Cet article | m'intéresse | parce que | l'article donne de bonnes idées | pour protéger l'environnement. |
| Le sujet | ne m'intéresse pas | mais | je déteste faire du vélo | pour organiser une action. |
| Je | trouve bien/ | que | dire aux gens d'être actifs | que le gouvernement veut réagir. |
| C'est | important/ difficile | quand de | dire aux gens de s'engager il montre | |
| — | — | — | on essaye de trouver des solutions | |

## Examen blanc

### Plan Vélo

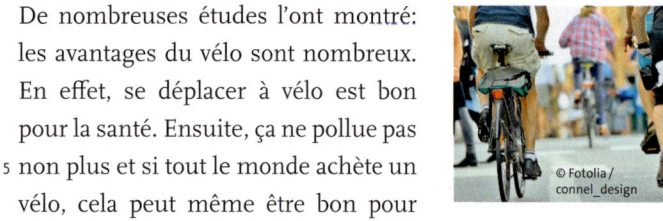

De nombreuses études l'ont montré: les avantages du vélo sont nombreux. En effet, se déplacer à vélo est bon pour la santé. Ensuite, ça ne pollue pas non plus et si tout le monde achète un vélo, cela peut même être bon pour l'économie. Pour donner aux gens envie d'utiliser leur vélo plus souvent, le ministre des transports a imaginé un ambitieux Plan Vélo. Parmi les mesures les plus intéressantes, on peut retenir la création de la semaine du vélo dans les écoles et les collèges. Ainsi, plus de jeunes pourront apprendre à faire du vélo et à respecter les règles de sécurité. On veut aussi construire plus de pistes cyclables et donner la possibilité aux voyageurs qui prennent le train d'emmener plus facilement les vélos. Nous n'aurons bientôt plus d'excuse pour ne pas sortir notre vélo du garage!

*Le journal de la Petite Reine, n° 991, 2015*

**4** Présentez le texte à l'aide des points suivants.
▶ Fiche, p. 118/15 dans votre livre
*Beispiellösung auf der CD-Extra*

> 1. Je dis où le texte a paru.
> 2. Je présente le sujet.
> 3. Je résume les idées principales.
> 4. Je donne mon opinion sur le sujet du texte.

**5 a** Préparez vos réponses aux questions de l'examinateur/l'examinatrice.

1. À quel âge est-ce que vous avez appris à faire du vélo?

   J'ai appris à faire du vélo à 4 ans.

2. Aimez-vous faire du vélo? Dites-moi pourquoi.

   J'adore faire du vélo parce que c'est un sport facile et que c'est bon pour la forme.

3. Comment est-ce que vous allez au collège?

   Je vais au collège en bus.

4. Est-ce que vous pourriez vivre sans voiture plus tard?

   <u>Non, je ne crois pas parce que la voiture, c'est pratique.</u>

b  Maintenant, écoutez les questions de l'examinateur/l'examinatrice et répondez-y à l'aide de vos réponses de a, p. 90.  ▶ Transcription dans le Cahier de solutions, p. 32    *Individuelle Lösung*

**6** Écoutez le dialogue et comparez avec vos réponses de a. Si vous avez des problèmes, écoutez encore une fois et répétez les réponses pour vous entraîner.    *Beispiellösung auf der CD-Extra*

# Monologue suivi 2

### S'entraîner à l'examen

**1** Lisez ces mots anglais que vous connaissez et trouvez dans l'article, p. 92, le mot français qui correspond. Puis notez la ligne et la traduction allemande.

1. solution → la <u>solution</u>  l. <u>9</u> = <u>die Lösung</u>
2. in any case → <u>en tout cas</u>  l. <u>22</u> = <u>auf jeden Fall</u>
3. occasion → <u>l'occasion f.</u>  l. <u>22</u> = <u>die Gelegenheit</u>

**2 a** Qu'est-ce qui va ensemble? Reliez puis traduisez.

| | | |
|---|---|---|
| un cours **1** | **a** le skate-board | **1c** ein Sprachkurs |
| apprendre **2** | **b** un service | **2a** Skateboard fahren lernen |
| faire **3** | **c** de langue | **3d** einkaufen |
| être fort/e **4** | **d** les courses | **4e** sehr gut in Mathe sein |
| proposer **5** | **e** en maths | **5b** eine Dienstleistung anbieten |

**b** Faites des paires de contraires.

| | | |
|---|---|---|
| chacun/e **1** | **a** est cher/chère | 1 → d |
| proposer un service **2** | **b** être nul/le | 2 → c |
| être fort/e **3** | **c** accepter de l'aide | 3 → b |
| ne coûte rien **4** | **d** personne | 4 → a |

**3 a** Pour présenter le sujet, lisez ces trois phrases. Puis surlignez la phrase qui présente le mieux le sujet de l'article, p. 92.

> Pour présenter un texte, vous devez suivre des étapes précises. Entraînez-vous à l'aide de la fiche, p. 118/15, dans votre livre.

1. Les services que les membres de l'organisation SEL échangent s'adressent surtout aux jeunes de moins de 20 ans.
2. Vous avez besoin d'aide? Allez voir au Service d'Échange Local. Ce n'est pas cher!
3. <u>Vous êtes spécialiste en pâtisserie? Devenez membre du SEL, offrez vos services et recevez de l'aide en échange!</u>

**b** Pour résumer les idées principales, retrouvez les phrases.

| | | |
|---|---|---|
| Les membres d'un SEL **1** | **a** ils reçoivent de l'aide. | 1 → c |
| Ça ne **2** | **b** membre. | 2 → d |
| SEL est **3** | **c** offrent un service. | 3 → e |
| En échange **4** | **d** coûte rien. | 4 → a |
| On peut devenir **5** | **e** un Service d'Échange Local. | 5 → b |

**Production orale** quatre-vingt-onze **91**

**c** Pour donner votre opinion sur le sujet du texte, faites au moins trois phrases. *Beispiellösung auf der CD-Extra*

| | | | | |
|---|---|---|---|---|
| L'article | m'intéresse | parce que | c'est une bonne idée | parce que c'est |
| Le sujet | ne m'intéresse pas | mais | être solidaire. | gratuit. |
| Je | est intéressant | que | moi-aussi, je veux aider les | mais qu'on n'a pas |
| C'est | n'est pas intéressant | quand | autres. | d'argent. |
| Ça | bien/important | de/d' | on veut apprendre à jouer du | parce que je n'ai pas |
| | montre/trouve | | piano | assez de temps. |
| | | | je n'aimerais pas faire partie | |
| | | | d'une association | |
| | | | tout le monde peut s'engager. | |

## Examen blanc

### Échange cours de maths contre lavage de voiture

Monsieur Léon, 78 ans, ne peut plus faire ses courses mais il est fort en maths. Julien, 15 ans, est fan de skate-board mais a de ⁵ gros problèmes en maths. Madame Jiu a du temps pour faire les courses mais elle ne peut pas apprendre le skate-board à son fils. La solution? Madame Jiu ¹⁰ aide Monsieur Léon qui aide Julien qui aide le fils de Madame Jiu. Chacun reçoit quelque chose mais ça ne leur coûte rien. Effectivement, il n'est jamais question d'argent entre eux car ils sont tous les trois membres ¹⁵ d'un Système d'Échange Local (SEL). Le principe est simple: tous les membres du SEL proposent un service et reçoivent une aide. Cela peut être du ba- ²⁰ bysitting, la réparation d'une machine ou un cours de langue. En tout cas, c'est aussi une bonne occasion pour faire de nouvelles connaissances.

Actu Jeunesse, n°371, août 2015

**4** Présentez le texte à l'aide de la fiche d'expression orale, p. 118/15 dans votre livre. *Beispiellösung auf der CD-Extra*

**5 a** Préparez vos réponses aux questions de l'examinateur/l'examinatrice. *Beispiellösung auf der CD-Extra*

1. Quelle sorte de cours pourriez-vous donner aux autres?
2. Est-ce que vous aimeriez participer à cet échange de services? Dites pourquoi.
3. Quel est l'avantage d'un pareil échange?
4. Est-ce que vous avez déjà travaillé pour gagner de l'argent?

**b** Maintenant, écoutez les questions de l'examinateur/l'examinatrice et répondez-y à l'aide de vos réponses de **a**. *Individuelle Lösung*

**6** Écoutez le dialogue et comparez avec vos réponses de **a**. Si vous avez des problèmes, écoutez encore une fois et répétez les réponses pour vous entraîner. ▶ Transcription dans le Cahier de solutions, p. 34
*Beispiellösung auf der CD-Extra*

# Monologue suivi 3

## S'entraîner à l'examen

**1** Complétez les phrases avec les expressions qui manquent.

> il faut être journaliste   qu'on ne propose pas tous les jours
> partout en France   qui existe depuis très longtemps

1. Quand on organise une fête sur tout le territoire français, on l'organise __partout en France__.
2. Un plat traditionnel, c'est un plat __qui existe depuis très longtemps__.
3. Souvent, __il faut être journaliste__ pour animer une émission de télévision.
4. Un menu spécial, c'est un menu __qu'on ne propose pas tous les jours__.

**2 a** Qu'est-ce qui va ensemble? Notez. Il y a plusieurs possibilités.

> 1 (s')acheter   2 répondre   3 créer   4 utiliser   5 organiser
>
> une fête   des produits régionaux   un hamburger
> des menus spéciaux   à un problème   une recette
> des produits de qualité   un événement

1. s'acheter un hamburger / des produits régionaux / des produits de qualités
2. répondre à un problème
3. créer des menus spéciaux / une recette / un événement
4. utiliser des produits régionaux / des produits de qualités / une recette;
5. organiser une fête / un événement

**b** Faites au moins trois phrases. Utilisez les verbes et les noms de **a**.

1. C'est moins cher de s'acheter un hamburger que de faire la cuisine.
2. Pour rester en forme, il faut manger des produits de qualité.
3. Chaque année, on organise au collège un événement qui s'appelle la Fête de la Gastronomie.

**3 a** Pour présenter le sujet, lisez d'abord l'article, p. 94, puis ces trois phrases. Puis surlignez la phrase qui présente le mieux le sujet.

> ✓ Pour présenter un texte, vous devez suivre des étapes précises. Entraînez-vous à l'aide de la fiche, p. 118/15, dans votre livre.

1. <u>Avec la fête de la Gastronomie, la France célèbre la bonne cuisine.</u>
2. Venez nombreux aux cours de cuisine que donneront des cuisiniers apprentis pendant la fête de la Gastronomie.
3. La fête de la Gastronomie, c'est une bonne occasion de faire la fête dans un fast-food.

**b** Pour résumer les idées principales du texte, p. 94, complétez les phrases.

> pendant   à cause   pourquoi   ça se passe

Les gens ne connaissent plus la bonne cuisine __à cause__ des fast-food. C'est __pourquoi__ les Français ont inventé la fête de la Gastronomie. __Ça se passe__ à la télé et dans les cantines des écoles. __Pendant__ la fête de la Gastronomie, des cuisiniers célèbres présentent leurs recettes.

**c** Pour donner votre opinion sur le texte, complétez les phrases.

Je trouve que ___   Cet article m'intéresse ___
Je pense qu'___   À mon avis ___

1. _____Cet article m'intéresse_____ parce que j'adore faire la cuisine.
2. _____Je trouve que_____ c'est une bonne idée de proposer des menus spéciaux à l'école.
3. Mais _____à mon avis_____, la fête de la Gastronomie ne va pas changer les habitudes des gens.
4. _____Je pense qu'_____ on doit utiliser plus de produits régionaux.

## Examen blanc

### La fête de la Gastronomie

À une époque où il est plus facile de s'acheter un hamburger dans un fast-food que de cuisiner un plat traditionnel, on a tendance à oublier ce que «bien manger» veut dire. C'est pour répondre à ce problème que l'on a inventé en France la fête de la Gastronomie. Pendant cet événement qui a lieu chaque année à la fin du mois de septembre sur tout le territoire français, les cuisiniers des plus grands restaurants proposent des recettes simples qui utilisent les produits régionaux de qualité. À la télévision, des personnalités célèbres animent des émissions où on redécouvre des fruits et légumes qui ne sont plus à la mode. Même dans les cantines des écoles, on offre aux enfants des menus spéciaux. Enfin, on organise partout en France de grands pique-niques. Le but: retrouver le plaisir de manger de bonnes choses entre amis!

Le matin de Lorraine, septembre 2015

**4** Présentez le texte à l'aide de la fiche d'expression orale, p. 118/15 dans votre livre.   Beispiellösung auf der CD-Extra

**5 a** Préparez vos réponses aux questions de l'examinateur/l'examinatrice.   Beispiellösung auf der CD-Extra

1. Quel est votre repas préféré?
2. Qu'est-ce que vous mangez au petit-déjeuner / au déjeuner / le soir?
3. Qui prépare les repas / fait à manger chez vous?
4. Prendre un repas équilibré, qu'est-ce que ça veut dire pour vous?
5. Est-ce que vous pensez qu'un cours de cuisine à l'école serait utile?
6. Que pensez-vous de l'idée d'organiser un pique-nique au collège avec des produits régionaux?

**b** Maintenant, écoutez les questions de l'examinateur/l'examinatrice et répondez-y à l'aide de vos réponses de **a**.   Individuelle Lösung

**6** Écoutez le dialogue et comparez avec vos réponses de **a**. Si vous avez des problèmes, écoutez encore une fois et répétez les réponses pour vous entraîner.   ▶ Transcription dans le Cahier de solutions, p. 36
Beispiellösung auf der CD-Extra

# Monologue suivi 4

## S'entraîner à l'examen

**1** Trouvez dans l'article, p. 96, le mot français qui correspond aux mots anglais. Puis notez la ligne et la traduction allemande.

1. interesting → <u>intéressant/e</u>         l. <u>4</u>   = <u>interessant</u>
2. to treat → <u>traiter</u>           l. <u>12</u>  = <u>behandeln</u>
3. spectator → <u>le spectateur / la spectatrice</u>  l. <u>12</u>  = <u>ein Thema</u>
4. subject → <u>un sujet</u>           l. <u>10</u>  = <u>der Zuschauer</u>

**2** Retrouvez pour chaque mot et expression la bonne définition.

*(encadré, à l'envers : général   qui est difficile à expliquer   être pour l'Europe   que tout le monde aime)*

1. Un sujet complexe, c'est un sujet <u>qui est difficile à expliquer</u>.
2. Être favorable à l'Europe, ça veut dire <u>être pour l'Europe</u>.
3. Un programme qui correspond à tous les goûts, c'est un programme <u>que tout le monde aime</u>.
4. Particulier, c'est le contraire de <u>général</u>.

**3** Qu'est-ce qui va ensemble? Reliez puis traduisez.

aider **1** — **a** des études — <u>1b helfen, sich zu verstehen</u>
regarder **2** — **b** à se comprendre — <u>2d ein Fernsehprogramm schauen</u>
traiter **3** — **c** plusieurs langues — <u>3e ein Thema behandeln</u>
faire **4** — **d** une chaîne de télé — <u>4a studieren</u>
parler **5** — **e** un sujet — <u>5c mehrere Sprachen sprechen</u>

**4 a** Pour présenter le sujet de l'article, p. 96, surlignez la phrase qui convient le mieux.

> Pour présenter un texte, vous devez suivre des étapes précises. Entraînez-vous à l'aide de la fiche, p. 118/15, dans votre livre.

1. On ne peut comprendre les émissions sur ARTE que si on a fait des études.
2. Comme ARTE est une chaîne de télévision européenne, elle a un très grand public.
3. <u>ARTE est une chaîne de télévision franco-allemande que peu d'Européens regardent.</u>
4. ARTE est une chaîne de télévision européenne que beaucoup de jeunes regardent.

**b** Pour résumer les idées principales, complétez les phrases.

*(sont trop difficiles   gens regardent ARTE   qui répond à tous les goûts   une chaîne de télévision utile)*

Beaucoup de gens pensent qu'ARTE est <u>une chaîne de télévision utile</u>.

Malheureusement, peu de <u>gens regardent ARTE</u>. Ils pensent que les émissions <u>sont trop difficiles</u>. Pourtant, ce n'est pas vrai parce qu'ARTE offre un programme <u>qui répond à tous les goûts</u>.

c  Pour donner votre opinion sur l'article, faites au moins trois phrases.

Je trouve que ___   Je pense que ___
Cet article m'intéresse ___   À mon avis, ___

*Je trouve que cet article est très intéressant. / Je pense que c'est une bonne idée de créer des émissions spéciales pour les jeunes parce qu'un programme télé sans public jeune n'a pas d'avenir. / Cet article m'intéresse parce que je voudrais regarder des émissions qui sont différentes des émissions que proposent les programmes pour les jeunes. / À mon avis, ARTE c'est bien, mais Pro Sieben c'est mieux.*

## Examen blanc

### Qui regarde ARTE?

85 % des Allemands et 89 % des Français pensent que la chaîne culturelle franco-allemande ARTE est très intéressante et qu'elle aide les gens à mieux se comprendre en Europe et dans le monde. Mais en même temps, il y a très peu de gens qui regardent vraiment cette chaîne. En France, ce ne sont que 5 % des téléspectateurs et en Allemagne 2 %. Pourquoi ? D'abord, parce que les émissions d'ARTE traitent de sujets souvent complexes. Ensuite parce que le public d'ARTE est un public particulier. En effet, ce public se compose, en général, de gens qui ont fait des études, qui vont souvent au théâtre et au musée, qui parlent plusieurs langues et qui sont favorables à l'Europe. Pourtant, le programme d'ARTE propose des émissions pour tous les goûts. Alors, quand regarderez-vous la prochaine fois ARTE ?

Aujourd'hui Télé, n°354, 2015

**5** Présentez le texte à l'aide de la fiche d'expression orale, p. 118/15 dans votre livre.   *Beispiellösung auf der CD-Extra*

**6 a** Préparez vos réponses aux questions de l'examinateur/l'examinatrice.   *Beispiellösung auf der CD-Extra*

1. Quelle est votre émission préférée ?
2. Combien d'heures par jour est-ce que vous regardez la télé ?
3. Regarder les informations, est-ce que cela vous intéresse ?
4. À votre avis, est-ce que les jeunes et les adultes regardent les mêmes émissions ?

**b** Maintenant, écoutez les questions de l'examinateur/l'examinatrice et répondez-y à l'aide de vos réponses de **a**.   *Individuelle Lösung*

**7** Écoutez le dialogue et comparez avec vos réponses de **a**. Si vous avez des problèmes, écoutez encore une fois et répétez les réponses pour vous entraîner.   ▶ Transcription dans le Cahier de solutions, p. 38

*Beispiellösung auf der CD-Extra*